LEXIQUE

DES

FRAGMENTS DE L'AVESTA

Publiés par JAMES DARMESTETER

PAR

E. BLOCHET

Elève Diplômé de l'Ecole des Hautes-Etudes

ALENÇON

TYPOGRAPHIE & LITHOGRAPHIE ALB. MANIER

PLACE D'ARMES

1901

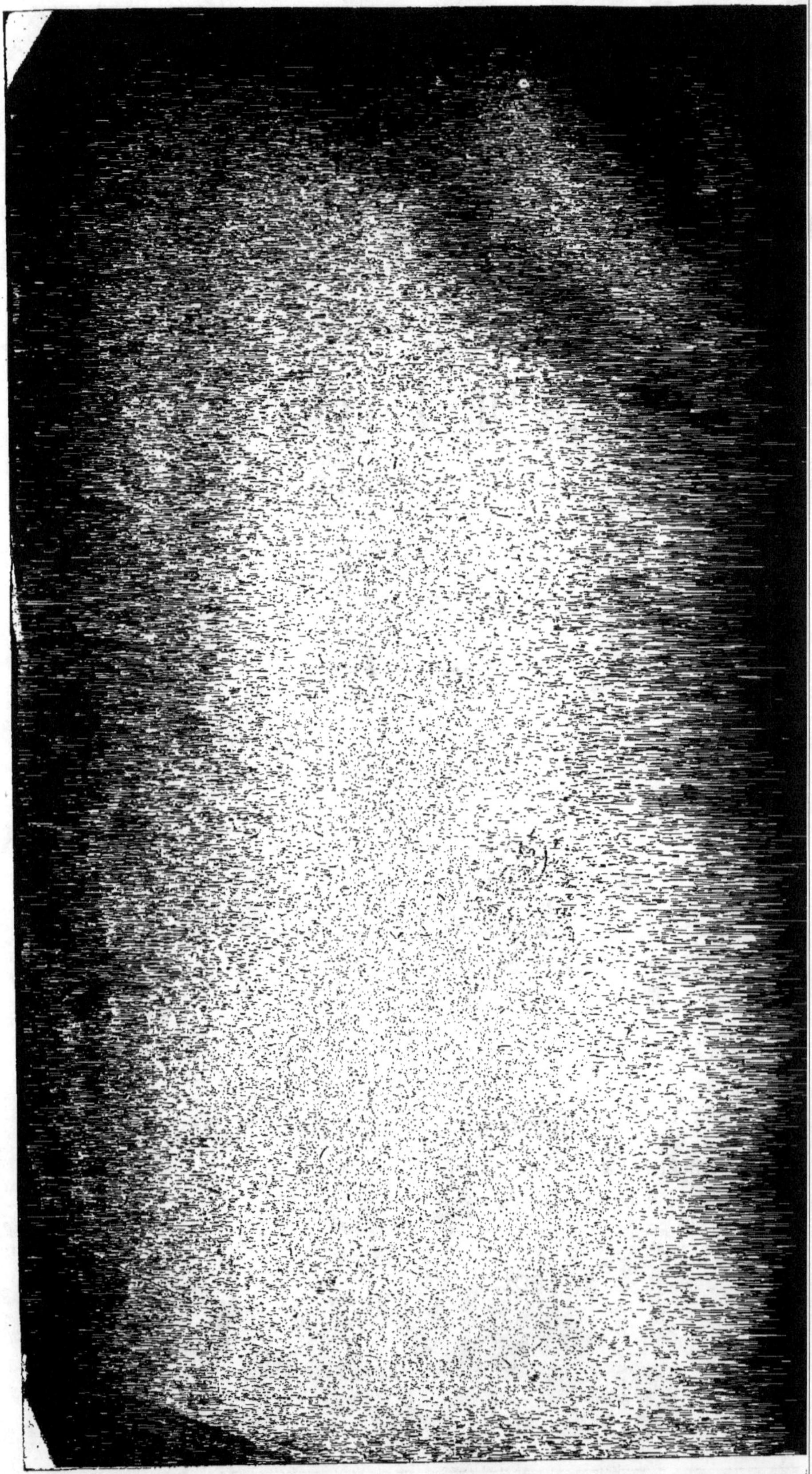

LEXIQUE

DES

FRAGMENTS DE L'AVESTA

Par E. BLOCHET

A

La Mémoire de mon Maître

James DARMESTETER

1er janvier 1895.

INTRODUCTION

Ce Lexique, que j'ai commencé sur l'avis et aidé des conseils de mon maître, M. James Darmesteter, contient les mots de tous les textes écrits en langue Zende qui ont été découverts depuis la publication de l'Avesta. Il forme ainsi un supplément au dictionnaire Zend que Justi publia en 1852.

J'avais le dessein de marquer par un astérisque, les mots nouveaux fournis par tous ces textes et qui ne se trouvent pas dans le Dictionnaire de Justi, mais j'y ai vite renoncé, non par suite de la difficulté de ce travail, mais parce que je risquais de donner comme mots nouveaux des corruptions orthographiques et de simples variantes dues à l'ignorance ou au peu de soin des copistes. Il en était de même pour les formes, et si j'avais marqué d'un astérisque toutes celles qui ne figurent pas dans Justi, j'aurais fait passer pour formes nouvelles une quantité invraisemblable de barbarismes qui n'ont jamais eu, à aucune époque, d'existence indépendante en Zend. J'aurais pu me borner à indiquer de cette façon les mots qui sont réellement nouveaux et qui ne sont pas de simples corruptions de ceux que l'on connaît déjà, mais l'on conçoit que dans beaucoup de cas, il était dangereux avec des textes aussi corrompus et que l'on ne comprend pas toujours, de prendre un parti en s'appuyant sur des raisons suffisantes. C'est ce qui m'a déterminé à renoncer au projet que j'avais formé tout d'abord.

Les textes dont j'ai fait usage pour la préparation de cet ouvrage sont au nombre de cinq : les *Fragments Tah-*

muras, le *Nirangistan*, différents morceaux tirés de plusieurs manuscrits, que M. James Darmesteter à réuni sous le titre de *Fragments Divers*, le *Lexique Zend Pehlvi*, publié en 1867, à Bombay, par le destour Jamaspji et M. Haug, et l'*Aogemaïde*, publié par M. Geiger en 1877.

Il y a peu à ajouter ici sur les *Fragments Tahmuras* et l'*Aogemaïde* (v. J. Darmesteter, Zend-Avesta, t. III, p. 102, 106) qui ont une grande analogie et qui, peut être à cause de leur fréquent emploi, sont beaucoup mieux conservés que le Nirangistan et le Farhang. Les Fragments Tahmuras proviennent d'une sorte de catéchisme pehlvi dans lequel sont disséminées une centaine de citations de l'Avesta traduites mot pour mot, l'idée étant ensuite développée dans un commentaire qui est souvent assez étendu. Dans l'Aogemaidé, le texte zend est plutôt paraphrasé que traduit, mais la paraphrase est assez serrée pour qu'en général chaque mot zend trouve son correspondant dans le texte parsi. Il ne nous reste de cet opuscule qu'une transcription pazende, car le texte original pehlvi est disparu; mais son existence est attestée par une citation de quelques mots qui se trouve dans le Dictionnaire pehlvi du destour Jamaspji. Il existe aujourd'hui aux Indes un texte pehlvi complet de l'Aogemaïde, mais ce n'est qu'une restitution relativement moderne faite sur la transcription pazende, et qui, par conséquent, n'a aucune valeur originale. Cependant, comme cette restitution paraît avoir été faite sur un manuscrit parsi appartenant à une autre classe que celui dont s'est servi l'éditeur, elle peut dans quelques cas être employée avec intérêt pour la critique du texte. Elle était cependant trop imparfaite pour être substituée au texte pazend donné par Geiger, d'autant plus que le seul manuscrit pehlvi de cette version connu en Europe qui appartient à M. West ne vaut ne vaut guère la peine d'être publié. Dans l'édition de M. Geiger le texte pazend est accompagné d'une traduction sanscrite; aussi l'on trouvera dans le Lexique les mots zends de l'Aogémaïde accompagnés à la fois de leurs traductions pazendes et sanscrites.

Le *Nirangistan,* à cause de son étendue, a été la base de mon travail. Son commentaire pehlvi paraît à première vue tout différent de la traduction du Yasna et du Vendidad, et il l'est en effet. Les phrases zendes sont en général fort courtes, de 6 à 8 mots; par conséquent beaucoup moins longues que dans le Yasna ou le Vendidad, où il n'est pas rare de rencontrer de très longues phrases zendes. Le commentaire pehlvi, au contraire, est, dans la plupart des cas, bien plus étendu que celui de l'Avesta. Il ne faudrait pas juger de l'importance de ce commentaire par les extraits que M. Darmesteter a cités quand il renonçait à traduire le texte zend, car dans ce cas il n'a donné de la traduction pehlvie que ce qui était indispensable pour l'intelligence du zend et a laissé tout le reste de côté.

Voici quelques exemples qui montreront l'étendue de cette traduction.

Fr. 99, l. 2. **vî barô ratufrish nôit vi barô,** « il est en règle vis-à-vis de la religion (son culte est agréé) s'il le porte, s'il ne le porte pas. . . . . » *amat barâ yadrûnêt ratîhâ, lâ barâ amat barâ lâ yadrûnêt havâ-at ghal pêtâgînd aîgh sar akvîn lâ shâyat amastash rôîshâ zahâk aîghash bun alâ shâyat.*

Fr. 100. **yêzi tishrô dinânô hàthrâcish nishhishcañti fratufrish** est traduit *at î 3* (*i*) *rajîn dânûr pûn akvîn barà yakôyamûnêt aratîhâ havâ-at danâ jîvâk min zag-î zôt âtâsh barsôm khadîtûntan yazbakhûnishn shnûman zag-î pûn nîm bîn min Aharmôkân.*

La dernière phrase du Fr. 50 : **anasteretô pascaita avaôyaô**, est interprétée par une traduction de 43 mots, et par plus de deux pages de commentaire.

J'ai eu à ma disposition une copie du manuscrit de M. Tahmuras qui portait en marge et en interligne les variantes d'un autre manuscrit appartenant au destour Hoshangji.

L'édition en fac-similé du *Nirangistan* exécutée à Bombay ne m'a pas été d'un grand secours, car les éditeurs ont choisi comme base de leur travail le manuscrit dont la correction laisse le plus à désirer.

Il est regrettable que la corruption de ce texte soit extrême, autant pour les phrases zendes que pour le commentaire pehlvi ; de plus, c'est un des textes les plus techniques que nous connaissions dans la littérature avestique, et très souvent les mots zends sont traduits par des termes pehlvis dont nous ignorons à la fois la lecture et le sens. Néanmoins, il est certain qu'avec un manuscrit plus correct que les deux dont j'ai pu utiliser une transcription partielle, on pourrait traduire bien des passages qui paraissent incompréhensibles. A partir du paragraphe 91, notamment, où s'arrête l'un des manuscrits, l'obscurité devient encore plus grande. Il y a de plus, des endroits où le texte a subi des bouleversements considérables ; la traduction pehlvie montre que des mots zends ont été omis par le copiste, et d'autrefois, le texte zend est traduit en pehlvi d'une façon incomplète.

Les éléments fournis par le *Lexique Zend-Pehlvi* sont de deux sortes et sont distingués dans ce Lexique par deux notations différentes. Cet ouvrage est un glossaire dans lequel les mots zends sont expliqués par une traduction pehlvie, accompagnée dans certain cas d'un exemple zend, lui-même traduit en pehlvi.

Ce sont ces citations, au nombre de 71 que M. Darmesteter a publiées sous le nom de *Fragments du Farhang*. On trouvera dans le présent travail tous les mots des phrases du *Farhang*; quant aux mots isolés, je n'ai indiqué que ceux qui ne se trouvent pas déjà dans le Dictionnaire de Justi.

Le destour Hoshangji, en cela d'accord avec Haug, attribuait à cet ouvrage une antiquité à laquelle personne ne songerait plus aujourd'hui à le faire remonter ; ils pensaient en effet qu'il avait été rédigé avant l'avènement de la dynastie Achéménide, 700 ans environ avant l'ère chrétienne, et que la limite la plus basse de sa composition était l'époque de la conquête macédonienne.

On ne peut assigner une date certaine à la composition de cet ouvrage, dont l'utilité, de même que celle du *Pahlavi Pazend Glossary*, est loin d'être évidente. Ce n'est en effet ni un recueil de mots rares et obscurs de l'Avesta, ni au contraire un recueil des mots les plus usuels; sous cette forme, ce lexique se rapproche beaucoup plus de ceux que l'on trouve dans les vocabulaires des *Langues des peuples tributaires de la Chine* (suppl. chinois n° 695), que des dictionnaires sanscrits tels que l'Amarakosha. Il ne donne pas l'impression d'être une œuvre fort ancienne et il n'est pas très dificile, je crois, de prouver qu'il a été composé à une époque ou la langue de l'Avesta était morte. En voici quelques preuves :

Dans le dernier chapitre, intitulé par les éditeurs *Crimes and offenses,* on trouve le nom de quelques crimes expliqués par une paraphrase pehlvie qui gagnerait à être plus claire. Quelques-uns de ces mots sont donnés, non sous leur forme zende, mais sous une forme qui est ,soit pazende, c'est-à-dire à peu près celle du mot en persan moderne, soit un compromis entre la forme pazende et la forme zende originale. C'est ainsi que l'on trouve *baodhajat* = * **baodhôjaiti** (p. 32), *mithô-sâst* = * **mithô-sâsti** (p. 35), *kâtyôzat* = * **kâdyôjaiti** (p. 33), *avâparasht* = **avaoirishta** (p. 36). A côté de ces noms de péchés écrits dans une langue qui n'a jamais été celle de l'Avesta, se trouvent d'autres mots sous leur forme zende exacte. De même (p. 37) le mot *jau* est certainement une fausse lecture de *jân*, l'*u* et le *n* étant représentés en pehlvi par deux caractères de formes très voisines.

Voici un exemple encore plus concluant.

A la page 4, l. 2, on lit ce qui suit : **vî**, *ît jîvâk aîgh lakûm, u ît jîvâk aîgh khvahishni* (ce dernier mot écrit en pazend) *u jût*, « **vî**; il y a des endroits ou ce mot signifie « vous », dans d'autres il signifie « l'action de désirer », et « séparément, à l'écart ».

Les deux dernières explications se rapportent en effet à deux sens très connus du mot **vî**, à la racine **vî** « désirer » et à la particule **vî**. Quant à la première, elle est sûrement erronée. Il n'y a jamais eu en zend un mot **vî** avec le sens de vous, c'est évidemment une faute pour **vê** ou pour **vô**. Il est impossible d'admettre ici une faute de copiste qui serait facilement corrigeable. Le seul fait que ce mot **vî** est traduit dans le même paragraphe *khvahishni* et *jût* prouve que c'était bien un mot **vî** que le traducteur avait sous les yeux quand il le traduisait par *lakûm* « vous ». Ce fait montre qu'à l'époque où le lexique a été composé ou remanié, le zend était déjà une langue morte.

A part ces quelques erreurs, ce sont les mots fournis par le *Lexique Zend-Pehlvi* qui sont les plus importants et les plus nombreux, malheureusement le sens de quelques-uns de ces mots est très indécis. Établir le sens exact d'une expression, à l'aide d'une traduction dans une langue étrangère, et consistant souvent en un seul mot, est toujours une chose très difficile ; il est bien rare en effet que le mot à traduire ait toutes les significations du mot qui le traduit. Avec le système graphique pehlvi, la tâche devient encore plus ardue, car les groupes de signes pouvant se lire de plusieurs façons, chaque fois avec une signification différente, il peut en résulter une très grande incertitude. Par exemple, le mot **vadhairayosh** est traduit v-a-a-r. Ce groupe est susceptible de plusieurs lectures, parmi lesquelles celle de *vahâr* « printemps », correspondant au persan *bahâr* ; mais on peut lire ce mot d'une toute autre façon et donner par cela même au mot zend un sens bien différent. Il en est de même du mot **voithwa** traduit par un groupe qui peut se lire *hû-dahishn* « bonne-donnée », mais qui est susceptible de beaucoup d'autres lectures. De plus le pehlvi rend très souvent un adjectif par un nom abstrait ou un verbe par un substantit. Si ce désordre n'influe pas beaucoup sur le sens général du mot, il a le grand tort de ne pas guider sur sa forme grammaticale exacte, ce qui dans beaucoup de cas obscurs pourrait n'être pas à dédaigner.

La traduction pehlvie ne rend aucun service, quand elle se borne à transcrire le mot zend ; dans ce cas il n'y a qu'une glose qui puisse faire connaître le sens précis du mot. Ex. : **gava** est traduit *gôh, cig ûn yadâ î sarîtarân*. Le mot pehlvi *gôh* est tout aussi inconnu que le le mot zend **gava**; si la glose n'expliquait pas que *gôh* signifie « la main des êtres maudits », il serait impossible de traduire **gava.** Cela rappelle tout à fait le procédé du commentaire pehlvi des Gâthas. On aimerait à connaître la valeur exacte de ces gloses et à savoir sur quelles autorités traditionnelles elles s'appuient.

Les traductions étymologiques ne sont pas rares non plus

Page 30. **Zushta** est traduit *dirham* (?) Le mot **zushta** est sans doute le participe passif de la racine **zush** « aimer » (cf. le persan *dost*). Est-ce par une assimilation inexplicable avec le nom pehlvi du dirhem, *zûz*, que le mot *dirham* a été donné comme traduction de **zushta ?**

P. 41. **Uzashta :** *lâlâ asht. cand 8 angusht.* La traduction *lâlâ asht* n'apprend rien sur le sens du mot zend ; elle est due à une décomposition arbitraire du mot en **uz-ashta**, **uz** étant généralement rendu par *lâlâ*. La glose explique que c'était une mesure de 8 doigts. Là encore, quelle est la valeur exacte de la glose ?

P 42. **Erezaurvaêsâṭ,** *bahâr î datîgâr (i lêlya) avezakân vartishnîh.* La traduction *avezakân vartishnîh* provient d'une décomposition arbitraire : **ereza-urvaêsât, urvaêsâṭ** ayant été rapporté à la racine **urvis** « tourner ». La glose traduit « deuxième partie de la nuit ».

Dans quelques parties du texte il y a eu des omissions.

P. 29. **Tañcishtem** *takîktûm* ; **tarémanô** *takîktûm*, **taremanô** *khôrd.* Entre le mot **tarémanô & taremanô** la différence n'est pas assez grande pour que l'un de ces mots signifie « très fort » et l'autre « petit ». La traduction pehlvie de **taremânô** est sans doute tombée, entraînant avec elle un mot zend dont il ne reste que la traduction pehlvie *khôrd*.

Les Fragments divers ont été recueillis par M. Darmesteter dans différents manuscrits pehlvis. A part le premier de ces fragments, tous les autres sont très corrompus. L'absence de traduction pehlvie nous contraint à laisser ces lambeaux de l'Avesta sans aucune traduction ; aussi dans ce Lexique les mots qu'ils ont fournine sont ils en général accompagnés d'aucune interprétation.

Voici la liste des abréviations employées dans les renvois au texte :

Les *Fragments Tahmuras* sont désignés par la lettre T, ceux du *Nirangistan* par N (dans le dépouillement, je n'ai pas tenu compte des fragments communs à ces textes et au Yasna) ; les *Fragments divers* par D, le numéro du fragment renvoie au numéro assigné par M. Darmesteter aux phrases zendes dans le IIIe volume de sa traduction de l'Avesta. Les fragments de l'*Aogemaidé* sont indiqués par Aog. suivi d'un numéro qui est le même que celui de l'édition de Geiger (*Aogemadaêcâ, ein Parsentractat*.. . . . Erlangen 1878). Ces numéros sont identiques à ceux de la traduction de M. Darmesteter; Zend Avesta, tome III, p. 154, ssq. M F désigne les mots isolés du *Farhang Zend Pehlvi;* le numéro indique la page de l'édition anglaise. F. Farh. indique less mots qui proviennent des Fragments des Farhang. Le chiffre qui accompagne cette notation est celui des Fragments dans la traduction française de l'Avesta de J. Darmesteter, III p. 13, ss.

A

aîgh **ñtascit,** *min aîgh* ñtascit, l. **maghneñtascit.**

aighsritîm v. **aiwisriti,** N 10.

aithisritîm v. **ainisriti,** N 10.

aithra adv. de lieu. *tamman* « là-bas », peut être identique à **ithra,** T. 47.

aithrapaitim, v. **aêthrapaiti,** N. 11.

aiñ v. **ayan.**

aina « celui-là », cf. **aêna,** T. 38.

ainaidki f. sg. acc. **ainaidkim.** *vînîg* « nez » ? N. 66.

ainiti f. « non-vengeance, non-rancune », sg. nom. **ainitish** *akvîn* (l. *a-kîn*), T. 53; abl. **ainitôiț** *akînîh*, M. F. 20. gen. **ainitôish shaknâh** *cîgûn akhâstakîh*, M. F. 20. Cf. Yasna, xxx, 11, note 39.

ainisriti f. *an-apâj apasparishnîh* « non-acte de confier, action de ne pas confier » sg. acc. **ainisritîm, aithisritîm,** N. 10. (a + ni + sri).

ainishti m. f. sg. nom. **ainishtish** *atuvânîgîh* « pauvreté, pénurie », T. 12. cf **aênishta,** N. 109.

ainem v. **anya.**

ainyêhê v. **anya.**

ainyô v. **anya.**

aipi préfixe verbal.

aipi jaghaurvañț adj. (part. parf. de **gar**). pl. n. gén. **aipi jaghaurvatãm.** *hâsht* « bouillant », N. 67.

airishta adj., « non blessé, sans blessure ». sg. nom. **airishtô** *arîsh*, MF 20, Pl. nom. **airishta** *arîsht* n. 56. (**a** + **irishta**, p. pass. de **irith**).

airishya adj. pl. mscl. nom. **airishyâ** *rîshînd* « blessé » N. 67.

airyanemca v. **airyaman.**

airyaman, sg. acc. **airyanemca** (lire **airyamanem**) *îriman.* « L'Airyaman » N. 103.

aiwi, préfixe verbal.

aiwiereta adj. sg. mscl. nom. **aiwieretô gâtush**, *madam drang gâs* « qui a une place écartée » N. 103. Cf. **aipi-eretô-gâtush**, glosé *armêsht* (J. Darmesteter *Zend Avesta*, Tome II, page 59, n. 165).

aiwigâma m. sg. loc. *pun zamistân* « en hiver », **aiwigâmi** N. 46, 47, 50, 51, 103; **aiwêgâma** N. 48; **aiwigâmê** F. Farh. 61; **aêvêgamâ**, (l. **aiwigâmê**) N. 103.

aiwica v. **cish** + **aiwi**.

aiwicicishmnâi v. **cish** + **aiwi** N. 63.

aiwisriti f. sg. acc. **aighsritîm** (l. **aiwisritîm**) *pûn barâ apaspârishnîh* « action de confier ». Instr. **asriti** *pûn lakhvâr apaspârishnîh* « action de rendre » N. 11. (**sri** + **aiwi**).

aiwisrûthra adj. sg. m. acc. **aiwisrûthrem** « la 3e partie de la nuit » M.F. 42.

aiwisrûthrema adj. pl. fem. gen. **aiwisrûthremanâm** *aspîsrûsram* « de l'Aiwisrûthrema » N. 51.

aiwishañṭ adj. pl. m. nom. **aiwishañtô** *madam âi manîtûnd* « enseignant » N. 52. (cf. **aiwishta**).

aiwishiti f. sg. instr. **aiwishiti** *madam ozalûnishnîh* « action d'aller » N. 4.

aiwishta adj. sg. ms. acc. **aiwishtem** *madam pûn manîtûnishnîh* « enseignant » N. 4. (Cf. J. Darmesteter Yasna IX, 24, n. 76, où **aiwishti** est traduit *apar-ôsh-marishnîh* et en sanscrit adhika adhya yanatâ). **as** + **aiwi**.

aiwêgâme v. **aiwigâma**.

aiwyañha n. sg. acc. **aiwyañhem** *a-bîm* « non crainte » (lire **a** + **thwayañha**) N. 10.

aiwyâish? sg. n. **aiwyâish** *an-manîtûnîtâr* « qui ne récite pas » N. 14.

aiwyaoṅhana n. pl. acc. **aiwyaoṅhana** *ayyipyahân*

« les vêtements » N. 95. **aiwyâoṅhaca** (lire **àiwyâonhaṅaca** *pun ayyipyahânênd* N. 94.

aiwyâoṅhana n. sg. instr. **aiwyâoṅhana** *ayyipyâhân* « lien, attache » N. 108.

aiwyâsta, v. **yaoṅh.**

aiwyâsti f. sg. nom. **aiwyâstish** *madam rasishnîh* « marche, action d'aller » N. 9.

aiwyâstra m. sg. acc. **aiwyâstrem** *pun ayyipyâhânîh* (lire **aiwyâstem**), v. **aiwyâsta.**

aiwyô, v. **ap.**

aurvaṅṭ adj. n. **aurvaṭ** *arvand* « rapide » M.F. 23, (c'est la forme que prend cet adj. en composition).

aurvash N. 15 : **aurvash anra vâ (?)** *ayûp varân ît* « ou s'il pleut ». (voir J. Darmesteter, *Zend-Avesta*, Tome III, 89, n. 3).

aêâvishti v. **anâvishti.**

aêibyô lire **aênyô** *zag-î* « de ce genre là », N. 107.

aêta adv. *litamman* « ici-bas », T. 45.

aêta pronom dém. « celui-là », mscl. sg. nom. **aêshô**, T. 53, *zak* N. 2, 19. *ol* (l. *olâ*) N. 24, 60, *olâshân* N. 103; **aêshascit** *zak* N. 12 ; **aêtô** (l. **aêshô**) *zak* N. 7, 9. *olâshân* N. 103. dat. **aêtahmai** N. 18, 62; *olâ î* (*zakâî*) N. 61. acc. **aêtem** *zak* N. 82 ; *ân* F. Farh. 69 ; **aêtâm** (l. **aêtem**) *zak* N. 103; gén. **aêtahê** N. 11, 87; *pun zak*. T. 117; *ol* (*olâ*) N. 11, 70; *olâ* N. 87; loc. **aêtahmi**, T. 78, 87, 99; fém. nom. **aêsha** *zag* N. 17; **aêta** (l. **aêsha)** *olâshân* N. 84 ; gén. **aêtayâo** *olâshân* N. 90, Neut. nom. acc. **aêtat** *zak* N. 70; **aêtem** (mscl. en fonction de neutre) *olâ* T. 79 ; abl. **aêtahmât** *min zak* N. 4, 9, 70, 87 ; gen. **aêtahé** N. 70; loc. **aêtahmya** *dar zak*, N. 12. Pl. mscl. nom. **aêtê** N. 52; *olâshân* N. 53 et 81 (v. **aêtaya** et **ya)** N. 64; F. Farh. 23 ; **aêti** (l. **aêtê)** *olâshân* N. 80 ; **aêteé** N. 109 ; **aêtéê** *olâshân* N. 29, 33, 108 ; **aêtéê** *olâshân*, F. Farh. 1 b.; **âtéê** (l. **aêtéê**. D. 7; acc. irrég. **aêtaya** *olâshân* N. 81;

abl. dat. **aêtaêibyô** *olâshân* N. 108; gén. **aêtaêshãm** *olâshân* N. 33, 37, 52, 53, 63, 67, 82, 83, 109; **aêtaṅhãm** N. 63; fém. dat. **aêtâibyô** *olâshân* N. 71; acc. **aêtâo** *olâshân* N. 71; gén. **aêtaṅhâo**. N. 67. Neutre pl. acc. **aêtâ** *zak* F. Farh. 47.

aêtadha adv. *îtûn* « alors » N. 16.

aêtaya v. **aêta** et **ya**.

aêtavañṭ adj. n. empl. adv. **aêtavaṭca** « autant », N. 109; *îtûnci* « autant » N. 12; antécédent de **yavaṭ**, *zak and* « assez » N. 108; **aêtavat.... yavat** *zak and cand* « autant que » F. Farh. 66; gén. **aêtavatô** « d'autant » N. 23, *zak and*, N. 21, 39; *zaki and* « aussi grand » N. 87, **aêvatô** (l. **aêtavatô**) *zag and* « d'autant » N. 38.

aêtavo v. **hvaêtu**.

aêti ni dâitica ? sh-a-v-r *dâtig*, N. 67.

aêtya adj. dérivé de **aêta** fem.; acc. (avec encl.) **aêtyãm ciṭ** *olâ* « celui-là ». T. 25.

aêtshaya *angûsht* lire **angushtaya** « des doigts », F. Farh, 64. (Voir J. Darmesteter, *Zend Avesta*, T. II, 26, note).

aêthrapaiti mscl. *êrpat*, « le prêtre qui enseigne », sg. abl. **aêthrapatôiṭ**, N. 16. acc. **aêthrapaitîm**, N. 10; **aêthrapaitim, aêthrapaititim**, lire **aêthrapaitim**, N. 11, 12; acc. **aêthrapaitish**, (forme de nom). D. 4. Pl. gen. **aêthrapaitinãm** *êrpatan*, n. 13.

aêthrya m. sg. dat. **aêthrayâi** *hâvisht* « disciple », N. 17.

aêdha m. sans flexion : **aêdha** *pôst î rôîshâ* « la peau de la tête », *apash ît 1 mas û ît 1 kas* « il y en a une grande et une petite »; pl. nom. **aêdha**. F. Farh. 1 a, M. F. 6.

aênâvishti, v. **aêâvishti,** lire **anâvishti,** N. 15.

aênishta adj. sg. mscl. acc. **aênishtem** *atavânîg*, « sans ressources » N. 19 (cf. **ainishti,** T. 12).

aênem v. **anya**.

aênya adj. sg. mscl. nom. **aênyô** *zagî* « de ce genre là » N. 107. (Dérivé de **aêna** ou fausse lecture de **anyô**? v. **aêibyô**).

aêm pron. demonst. « celui », sg. mscl. nom. **aêm** *pun zagî* N. 27; instr. (tenant lieu de nom). **ana** *zak* T. 37, 94; mscl. n. abl. **ahmat** *zak* T. 39; **ahmât** N. 15, 18, 43, *min zagî* T. 66, *min zag* (glosé *min kûn fraj*) « depuis ceci » T. 105; *min zag* N. 42, 48; **anahmât** (lire **ahmât**) *min zak* N. 99; gen. **ahé** *olâ* T. 33; *olâshân* N. 22; **âhî** (lire **ahê**) *zag-î-olâ* N. 10; **âhê** (lire **ahê**) *zag* N. 10; loc. **ahmi** *dar danâ* N. 8; *zag î (nafshâ)* T. 48; **ahmya** D. 1; **ahmî, ahmi** *dar zag* T. 22; fem. nom. **îm** (cf. sanscrit iyam) *danâ* F. Farh. 3; acc. **imãm** *danâ* (tenant lieu de pl. ms); gén. **anhâo** *pûn danâ* F. Farh. 63; loc. **ahmê** *dar danâ* N. 8; *dar zag* T. 22; duel. gén. **ayâo** *min olâshân* N. 8; pl. mscl. dat. **aêibyô** *olâshân*; gén. **aêshãm** N. 103; *olâshân* N. 29, 52, 53, 61, 85, 89; **ana** tenant lieu de n. sg. T. 38.

aêmat abl. irr. de **aêm** *ītûn* (voir le précédent) N. 12.

aêva *ītûn* N. 103.

aêva adj. num. *êvak* « un » sg. mscl. nom. **aêvô** T. 68; N. 60; *ê* T. 99; *êvtâk* « un seul » N. 81; D. 2; nom. tenant lieu d'acc. **âevô** F. Farh. 1 b; acc. **ôyum** N. 14; **umemcit** (lire **ôyumcit**) *êvak-ci* N. 103; **ôim** N. 14; **ôyem** N. 42; gén. **aêvahê** *êvtak* « d'un seul » N. 22; *min êvak* « d'un » N. 65; fém. instr. **aêvayacit** *pûn ic êvak* T. 40; **aêvayayacit** *êvak êvak* « un à un », N. 103; acc. **aêvãm** *êvak*, « une, une seule » N. 42, 43, 65, 74.

aêvatô lire **aêtavatô** v. **aêtavañ.ṭ**

aêvatha adv. *êvak âyûînak* « d'une façon » N. 11.

aêvadha adv. *barâ min êvak* M. 80.

aêvayacit v. **aêva**.

aêvayayacit v. **aêva.**

aêvôjana adj., « qui tue d'un seul coup »; sg. masc. nom. **aêvôjanô** *éwadâ zadâr*; sk. ekânganihañtar. (**aêva** + **jana,** zend *jan*, p. *zadan*, sk. han.) Aog. 80.

aesmâ m. *êsm* « bois à brûler » sg. instr.; **aêsma,** N. 108. acc. **asmem** (lire **aêsmêm)** N. 103; gen. **aêsmahê** N. 106; pl. acc. **aêsmãsca** N. 71; **aesmâca** (lire **aêsmâsca),** N. 105.

aêsmô-bereiti fém. sg. instr. **aêsmô-bereitê** *êsm-barishnîh*, « action d'apporter le bois » T. 40.

aêsha, aêshô v. **aêta.**

aêsha m. nom d'une mesure de longueur, *êsh*; voir **aêshô-drajanh.**

aêshayamananâm v. **ish.**

aêsheñtem. lire **yaêsheñtem,** (voir J. Darmesteter *Zend-Avesta*, Tome III, p. 21, note).

aêshô-draojya adj. sg. gén. **aêshô-draojyêhê** *êsh drânaî* « qui est à la distance d'un aêsha » N. 69.

aêshô-drajaṅh adj. « long d'un aêsha », sg. neutre nom. **aêshô-drajô** *êsh drânâî* N. 70; instr. **aêshô-drajanha** *êsh drânâ* N. 90.

aogê v. **aogê varesa.**

aogê varesa adj. « mince comme un cheveu » pl. n. nom., **aogê varesô aêvahê** *ham vares zahâk*; lire **aêvovaresô** ? N. 108.

aodra m. n. sg. instr. **aodra** *sarmâ* « à cause du froid », cf. **aodereshca** Yasht II, § 12 (Errata).

aora adj. *hû-rûî?* « qui a une bonne figure » M.F. 21.

aoshôṅhvañt adj. sg. fem. instr. **aoshaṅuhaiti** *hôshsmand*; sk. mrityumantas « mortel » Aog. 48; pl. m. gen. **aoshaṅuhatãm** *hôshmandân* sk. jivamatâm. Aog. 58.

aoshtra m. n. duel. **aoshtra** *lap* « les 2 lèvres » M.F. 8.

aôi adv. « sur, contre », *madam* T. 35, 38, 62; pour (acc) T. 14; à (dat) T 82.

aoyamna part. moy. d'un dénominatif formé de **aêva** sg. mscl. abl. **aôyamnâț** *aîvakihâ*, « unifié » T. 55.

aôyemna part. moy. du dénom. de **aêva**; mscl. sg. acc. **aôyemnem**; (cf. **aôyamna**) T. 55

ahvâsta adj. n. pl. inst.; **ahvâstâishca** *apûkht* « non cuits » N. 57; **anahvâstâish** *apûkht* lire **ahvâstâish**; **anastâishca** lire **ahvastâishca** *apukhtân* N. 57.

akhti fem. sg. acc. **akhtem** (lire **akhtim**) *aînîgîh* « mal, maladie » N. 15.

akhtô l. **âhakhtô** *pûn afrâs* « avec permission ».

akhshaêna adj. « brun » sg. mscl. nom. **akhshaênô** *ashiêgûn*; sk. àkâçavarnas (pers. *khâshin*, dérivé de **âkâsaêna** voir J. Darmesteter, *Études Iraniennes*, T. II, 53; cf. Vendidad, xxii, 4) Aog. 79.

aghaurvaya adj. pl. n. nom. **aghaurvaya** *cakhdûnt* « saisi » N. 54.

* **aghra** adj. « de première valeur, de premier ordre, » sg. n. mscl. **aghrem** *aghar-î* F. Farh, 68; *aghrîk* M. F., 20; pl. n. nom. acc. **aghra** *aghrî* M. F., 20; **sraghrem** lire **aghrem** M. F. 20.

aghrya adj. mscl. sg. nom. **aghryô**, « de première qualité, de première valeur » T. 65; **aghrê** N. 45; gén. **aghryêhê** T. 65, (cf. **aghra**); superlatif sg. m. nom **aghryôtemô** *aghrîktûm*, « de toute première valeur » F. Farh. 6.

aṅuha v. ah.

aṅra aurvash aṅra vâ (?) *ayûp vârânît* « où s'il pleut » N. 15.

Aṅra Mainyu, nom propre, « Ahriman, l'esprit du mal et des ténèbres opposé à Ahura-mazda », gén. **Aṅrahê mainyéush**, traduit *Zanâk mînôî* T. 37.

aṅha v. **baodhaṅh**.

aṅhat v. **ah.**

aṅhavanemca ? N. 72.

aṅhê v. **aêm.**
a**ṅhrô ?** D. 7.
aṅhva fém., « la conscience, la conception », sg. abl ; **aṅhuyaṭ** *min âhû* T. 62.
acitha adj. sg. m. nom. **acithô** *atôjishn* « inexpiable » M. F. 20.
acithôirishta adj. au superlatif neut. sg. nom. **acithôirishtem** *atôjishn* « qui n'est pas à expier », ou « non mêlé d'expiation N. 29.
acithra adj. sg. m. nom., **acithrô** *apâdtâk* « invisible ». M. F. 20 **(a + cithra).**
acisti fém. sg. dat., **acistéê** *khôrishnîh* « action de manger » N. 62.
acishta adj. neutre sg. nom. ou acc., **acishtem** *sarîtartûm* « la pire chose » T. 16.
ajithô ? D. 7.
azhi m. sg. gén. **azhôish** *marân* « de serpent » N. 48.
azarem l. **adharem**, sg. neutre acc. de **adhara** « au-dessous *êr* N. 92.
azareshañṭ ou **azaresha**, adj. sg. masc nom., **azareshô** *azarmân*, « affranchi de la vieillesse » F. Farh. 5.
azâya adj. pl. neutre instr., **azâyêshca** (l. **azayaishca**) *nizâr* « de vache maigre » N. 57. Ce mot est le négatif de **zya** (Cf. **azi azya** pl. gén. **azinâm** *az* « vache ») F. Farh. 6.
azem pronom personnel nom. **azem** *anâ* « moi », T. 58, 82 ; acc. **mãm** *li* T. 22, 35, 37 ; gén. **mana** *i li*, T. 92, **manaca** *î-li* T. 88 ; cas oblique, **mê** *li* T. 35, 36 ; N. 9, 19, 63, 68, 87, 102, 105 (dans **yênhê mê ashâṭ hacâ)** *lanâ* T. 23 (v. **framâ)** ; **môi** *li* T. 70. N. 102 ; **(daidî môi yê gãm).**
azdâi *âi sâtûnd ?* N. 83.
azrazda adj. mscl. sg. dat. **azrazdâi** *a-ravâgh dahishnîh (anêr)* « infidèle » N. 17 ; **razrazdâi** (l. **azrazdâi**) *aravâgh dahishnîh* « qui ne fait pas marcher, qui em-

pêche de marcher », glosé *ghal olâ î aharmôk* « celui-là est un hérétique » T. 3; **a-zraz-dâ** est un négatif du verbe **zaraz-dà**, qui se trouve dans le Yasna, Hâ xxii, 25 note 19 de la traduction de James Darmesteter; **zarazdati** y est traduit *ravâk dahishnîh* « circuler ».

azya adj. employé ici seulement dans le sens de « vache grasse», pl. fem. inst. **azyâish** *farpâî gôspand* N. 57; gén. **azayanãm** *farpâî kirâî* N. 58; cf. **azi, azaya, zya, anazya.**

añgushta f. sg. instr. **aêthshaya** (l. **añgushtaya**) *angûsht* « doigt » F. Farh, 64.

añta : yêzi anusvâo añta est traduitat *lâlâ sâyishn?*

añtara adj. « qui est au milieu, intermédiaire », neutre sg. abl. **añtarâṭ naêmâṭ** « dans la partie intermédiaire, au milieu », *min dar damîk* (l. *nêmak*) et *min dar andarîn nemâk* N. 11; *min andar nêmak* N. 60, 69; *andarûn nêmak* N. 69, 104;... **arâṭ** (l. **añtarâṭ**) *dar* N. 71; acc. employé adverbialement **añtarem** *andarg* « à l'intérieur» N. 91.

añtara speñti *ol ham yakhsanûnînd*, l. **hañdarez-hañti**, voir **hãm + darez.**

añtare prép. « dans. » N. 97; *andarg-î*, « dans l'intervalle de » T. 61, 63; N. 40; *andarg*, « entre » T. 76, 77, N. 67, 109. F. Farh. 65, *dar*, N. 68, 83, 94; *andarg (ravishnîh)* « dans » N. 83; *andar* N. 103.

âtare *ghal âtash*, voir **âtar** N. 65.

atka? atkésca (corr. de **aṭ késca)** *atk-ic* « vêtement », N. 92. Cf. le zend **adhka** átka en sanscrit et le persan, *dak* « habit grossier de derviche ».

atha fém. loc. pl.**athâhva** *âpâtîh khvâstak* « bien, bien foncier » T. 107.

atha adv., « alors » T. 10, N. 10, 37, 68; *îtûn* N. 68, 99; « ainsi » N. 68, 70, 83; *îtûn* N. 8, 9 (corr. de **yatha**), 12, 42, 43, 44, 46, 108, F. Farh, 61; « autant » *îtûn*, N. 65 F. Farh, 10; ensuite N. 93.

athaurunem v. **âtharvan.**
athâ ratush,. Fragment de prière, N. 72, 73.
athravayô v. **afrasrâvayañṭ** et **asrâvayô.**
aṭ adv. « alors » T. 56 ; *adîn* T. 65 ; *amat îtûn* N. 70.
aṭ késca v. **atka** et **késca.**
adaitya faute de copiste pour **dâitya**, voir **daitya.**
adh « dire », aoriste sg. 3ᵉ pers. : **âdha** *yamallûnêt* « il dit » N. 32,
paiti adh, act. opt. sg. 3ᵉ pers. **paiti âdhayôiṭ** *pasûkh âî yamallûnêt* « qu'il réponde, il répondra » N. 83 ; subj. imp. sg. 3. **paiti adhayâṭ** *pasûkh âi yamallûnet* N. 72 *âi yamallûnêt* N. 73, « il donnera la réponse », cf. sk. **ah** « dire ».
pairi aoriste sg. 3ᵉ pers. **pairi âdha** *barâ yamallûnêt* « il dit » N. 32.
adha adverbe « alorș », *adîn*, N. 10 ; *îtûn*, N. 53 ; « certes » D. 3.
adhaêca adverbe « ainsi » *barâ âic, îtûn* N. 37.
adhairi préposition « sous » *ajîr*; *êrîh min* N. 85.
adhara adj. sg. masc. nom. **adharô** *azîr*, « qui est dessous » M. F. 10; *êr* « par dessous de bas en haut » N. 92.
adhaiti fém. sg. instr. **adhâitya** *pûn adahishnîh* « par l'action de ne pas donner » N. 18; **adhâiti** *pûn adahishnîh* N. 54, T. 119.
adhâitya adj., « qui n'est pas légal », *adâtîhâ* N. 17, 52 ; voir **adhâityô draônaṅh.**
adhâityô draônaṅh adj. sg. nom. **adhaityô draonô** *adâtîhâ sardârîh* (lire *sûrîh*) « qui n'a pas la nourriture nécessaire » N. 17; pl. nom. **adhaityô draonañhasca** *adâtîhâ sûr* « qui n'a pas la nourriture nécessaire » N. 52.
adhâṭ adverbe « après cela, ensuite » *akhar* N. 60, 71, 83.
adhwa masc., « route », sg. instr., **adhwâ, paiti adhwâ** « par suite de la route » N. 15.

adhwadâitya sg. gén. **adhwadâityasca**. Ce mot qui semble provenir d'un thème en **i** est traduit *apapdât* (lire *atapdât*), il désigne le péché qui consiste à ne pas donner une nourriture suffisante à un travailleur ou à un animal, ou à mettre quelqu'un en route sans provisions suffisantes, ou plus exactement à lui imposer un chemin au-dessus de ses forces N. 9.

ana v. **aêm.**

ana hakhtô voir **anahakhta**.

anairya adj. pl. fém. gén. **anairyanãm** « anaryen, qui n'est pas originaire du pays d'Iran » N. 68.

anaivishti voir **anaiwishti.**

anaiwierezvô voir le suivant.

anaiwieretava adj. sg. mscl. nom. **anaiwieretavô** *an apar drang gâs*, « qui n'est pas fixé » N. 79.

anaiwishti fém. sg. instr. **anawishti, anaiwishti** *an madam-manîtûnishnîh* (*êrpatistân lâ kart*) N. 14 ; **anaivishti** (l. **anaiwishti**) *an-madam-manîtûnishnîh* « par l'action de ne pas réciter » N. 15, acc. **anaiwishtîm** *pun an aparôshmûrishnîh*, « refus d'enseigner, action de ne pas enseigner » N. 4.

anaiwyâsta adj. mscl. sg. nom. **anaiwyâstô** *pun anayyibyahânîh* (lire *anayyipyahânîh*) « qui ne porte pas de ceinture » N. 96 ; pl. nom. **anaiwyâsta** *anayâipyâst* N. 85, *pun anayyipyahânîh*, « qui ne porte pas de ceinture » N. 95 (**an** + **aiwyâsta**, p. passif de **yâoṅh**).

anaiwyâsti f. sg. instr. **anaiwyâsti** *pun anâyyibyâishnîh* (l. *anayyipyahânîh*) N. 95; *pun ayyipyahânîh* (l. *pun anayyipyahânîh*) N. 96, « état de celui qui ne porte pas de ceinture (ou de vêtement) ».

anaômo ? D. 5.

anakâose v. **anâka**.

anakhtô v. **anâhakhta**.

anamarezhdika adj. « impitoyable, qui est sans pitié »

sg. nom. **anamarezhdikô** *ânamurzît*, traduit en sanscrit akhshama, et en parsi *akshamin* Aog. 49, 78, 79, 80.

anahvâstâish voir **ahvâsta**.

anaghra adj. pl. neutre acc. **anaghraca** *asar* « infini » T. 83.

anaṅrôta f. sg. instr. **anaṅrôtâya** *tûshnîh*? N. 15.

anaṅrô tâya, voir **anaṅrôta** et **taya**.

anazya adj. traduit *nîzâr* « maigre » mscl. pl. instr. **anazyâish** N. 57; gén. **anazayanâm**, N. 58.

anazdya adj. pl. mscl. nom. **anazdya** *nîzâr* « maigre » N. 56.

anañtare *pun andarg ravishnîh*, « action d'aller à l'intérieur » N. 83.

anadya adj. pl. mscl. nom. **anadya** *anizâr*, « qui n'est pas maigre » N. 56.

anama(lire **anâmata?**) *anôzmût* « qui n'est pas éprouvé » M. F. 19.

anavahî fém. sg. acc. **anavahîm** *ayyabârîh* (lire *anayyabârîh*) « action ne ne pas porter secours » T. 118.

anawishti voir **anaiwishti**.

anascaiti lire **anâstaraiti**, voir **star**.

anastâishca lire **ahvâstâishca**, voir **ahvâsta**.

anasritem lire **anânisritem**.

anasperena adj. neutre sg. gén. formé irrégulièrement, **anasperênô** *lâ usporîg* « qui n'est pas complet » N. 91, **anasperenô vastra** *lā usporîg vastarg*, « habit incomplet » sg. gen. **anasperenô vastrahê**, N. 91 (**an** + **asperena**)

anashavanem lire **ashavanem** *ahlav* « saint » N. 109.

anahakhta voir **anâhakhta**.

anahakhti fém. sg. instr, **anahakhti** *ân-afrâs* « par non autorisation » N. 80. Peut-être ce mot est-il une faute pour un cas de **anahakhta**.

anahmâț lire **ahmâț**.

anâ « avec lui » N. 9; « de cette » T. 94.

anâ, voir **anâbdôishta**.

anahu adj. sg. mscl. gen. **anâoṅhô** *anâhûîh* « qui n'a pas d'**ahu** (de directeur spirituel) » T. 16.

anâka adj. pl. fém. acc.; **anâkâosê** *amat nîhân* « en secret » N. 6 ; **anâkâôse** N 63. (Cf. Yasna Ha xii, § 2, la forme **anakâo**) ; l'**e** de **anâkâosê** est epenthétique, **tâyush** étant joint à **anakâo** ; comparer la formule **kase thwãm**, Voir **âka**.

anânisrita neutre sg. nomin. ou acc. **anastritem**, (lire **anânisritem**, *an apâj apaspârishnîh* « acte de ne pas confier, » N. 10. Cf. **anisri, nisrita, ainisriti.**

anâbda adj. sup. sg. neutre acc. employé adverbialement, **anâbdôishtem** *pun valist* « au plus » N. 9. (Cf. le mot **anabdâtô** qui se trouve au Fargard xviii du Vendidad, § 54.

anâbdôishta, voir **anabda**.

anâ masnaca, lire **ana masanaca** T. 94.

anâstereta adj. sg. mscl. nom., **anâsteretô** *anâstarêt* « qui n'est pas en état de péché » N. 46-50 (**an** + **âstereta**.

anâhakhta adj. *anâfrâs*, « qui n'a pas la permission, qui n'est pas autorisé », sg. masc. nomin. **anahakhtô** N. 6, 63; **ana hakhtô** N. 80; **anakhtô** (lire **anâhakhtô**) N. 7. (**an** + **âhakhta**).

anisri sg. nom., **anisrish**, subst. verbal négatif de **nisri**. Cf. **nisritem** et **anastritem** N. 10.

anisriti voir **ainisriti.**

anu, préfixe verbal N. 25, 89, 103.

anumaiti, fém. sg. instr. **anumaiti** *pun aparmînishn*, « par la pensée, mentalement » N. 25.

anusaitytica, voir **anusañț**.

anusañț adj. fém. sg. nom., **anusaiti** « ne consentant pas », **anusaitytica**, (lire **anusaitica**), *akhôrsandîhîhâ, akhôrsandîhâ* N. 6; (**an** + **usañț** participe présent de **vas**). Cf. **vas, usañt, usaiti.**

anusvâo añta *lâlâ sayishn?* glosé « s'il laisse échapper quelque chose » N. 107.

antarâṭ voir **añtara**.

anya pronom « autre » ; mscl. sg. nom. **anyô** *zakai* N. 18, 25, 61, 62 ; **ainyô** *zagâi* N. 24, *zag-î* ou *zagaī*, N. 63 ; **ainyô... ainyô** est traduit *olâ... olâ î zagâi* « l'un et l'autre » T. 121 ; acc. **ainim** *zagâi* N. 1 ; **ainem** *datîgar* (peut être acc. neutre) « une autre fois » N. 11 ; **aênem** *olâ î zagâî* N. 44, 45 ; gén. **anyahê** *zagâi* N. 6 ; **anyêhê** *olâ î zagâî* N. 7 ; *pun zag* N. 101 ; *zag olâî* N. 104 ; **ainyêhê** *zagâi* N. 25, ; fem. acc. **anyãm ca** *zagcî zagî* N. 92. Pl. mscl. nom. **ainyê** *zagi* N. 60 ; **anyê** *zagâî* F. Farh., 1 b ; **anya** *zagâî* N. 109 ; gen. **anyaêsam** (lire **anyaêshãm**) *olâshân* N. 83 ; **anyaêshãm** *apârîh* D. 2 ; fém. acc. **anyâo** *zagâi* N. 46 ; *zag*, N. 4, 50 ; *apârîh* D. 2 ; loc. **anyâhu** *zak zakai* N. 102.

ap fém. « eau » *myâ* ; sg. nom. **âfêsh** (lire **âfsh**) N. 69 ; instr. **apâ** *pâtyâp* (dans ce passage **ap** a le sens d'eau consacrée pour le sacrifice) N. 108 ; acc. **âpem** N. 77 ; F. Farh, 33, 44 ; dat. **âpê, apê** N. 48, 67, 69 ; **apaêciṭ** N. 69 ; **âpa** (lire **apê**) N. 66 ; gen. **apô** *âpân* N. 26, 108 ; Pl. dat. **aiwyô** T. 32, 71 ; acc. **apasca** N. 50 ; **apô** N. 70 ; gén. **apãm** *âpân* N. 48.

ap fra act. parf. sg. 3e personne, **frapa** *frâi (v) âpârînêt* N. 54.

apa préfixe verbal, passim N. 42, 54, 71, 78, etc. *It jîvâk aîgh myâ, u ît jîvâk aîgh lakhvâr, u ît jîvâk aîgh barâ.* Il y a des endroits où ce mot signifie *myâ* « eau » (v. **ap**), d'autres où il signifie *lakhvâr*, « par derrière, de nouveau » ; il y a des endroits où il a le sens de *barâ*, « au dehors, sans » M. F. 4.

apaitighni D. 7.

apaitita adj. sg. neutre abl. **apaititât** *apatîtîg* « qui n'est pas effacé par la pénitence » N. 54 (voir **paitita**.

apaitirita adj. *apatyârakîh* « qui n'a pas d'opposition », F. F. 3, (**a** + **paiti** + **ereta**). Comparer un passage du Yasht VIII, § 29, et la note correspondante dans J. Darmesteter, *Zend-Avesta* III.

apaityânô *apaitak* ou *apadtak* « invisible, qu'on ne voit pas » N. 55.

apairiaya adj. traduit en parsi *bé raveshn*, « qu'on ne tourne pas, auquel on n'échappe pas », sg. nom. **apairiayô** (**a** + **pairiaya** (**pairi**+**i**) ; cf. sk. paryaya, il est probable que ce mot est une faute, pour **apairyaya** Aog. 57.

apairithwa adj. « infranchissable », sg. masc. nom. **apairithwô** *awadarg* traduit en sanscrit sk. anatikramanîya Aog. 77, 78, 79, 80, 81, (**a**+**pairithwa**).

apathan neutre pl. gén. **apântãm** *lâ râs*, « fausse voie » D. 2.

apathattô ? D. 7.

apana adj. superl. sg. masc. acc. **apnôtem, apôtemem**, lire **apanôtemem** *apartûm* « le plus élevé N. 12.

apayaêsha ? N. 109.

apayêiti voir **vat** + **apa**.

apayã v. **apuya**.

apara adj. « postérieur », neutre sg. abl. **aparâț** *akhar* N. 37 ; acc. **aparem** *akhar* N. 44, employé adverbialement *madam ér* « de bas en haut » ? N. 92 ; fém. sg. acc. employé adverbialement **aparãm** *lakhvârtar* « loin de N. 79. ; loc. **aparaya** *akhar* « par derrière » F. Farh., 10.

aparaothemna adj. part. prés. moyen de **apa** + **ruth**. sg. mscl. gén. **aparaothemnahê** *pun arânakîh* « qui a forfait, qui a commis un crime N. 54 (Cf. **ruth**).

apavaiti voir **apvaiti**.

apastuiti fém. sg. nom. **apastûitish** *lakhvâr stâyat* (il abjure) « abjuration » N. 41, (**apa** + **stuiti**).

apashûti fém. sg. abl. **apashûtôiț** *lakhvâr ozalû-*

nišhnîh « marche en arrière » T. 39 (**apa+shûti**, de **shu.**)

apuyañṭ adj. sg. m. nom. **apuyã**, lire **apuyãn** *apuyishn* « affranchi de la pourriture » F. Farh 5. Cf. **puya.**

apema adj. sg. m. nom. **apemô** *afdûm* « le dernier », M. F. 20.

aperenâiyûkô voir **aperenâyûka.**

aperenâyi masc. « enfant en bas âge », sg. gén. **aperenayôish** *apûrnâîk* N. 54.

aperenâyu masc. « enfant en bas âge », pl. gén. **aperenâyunãm** *apûrnâ* N. 105 (**a + perenayu**).

aperenâyûka masc. tuojours traduit *apûrnâîk* « enfant en bas âge », sg. nom. **aperenâiyukô** N. 7; **aperenâyûkô** N. 9, 10; **aperenâyuka** (lire **yûkô**); **apereyûkô** (lire **aperenâyûkô**) N. 10; acc. **aperenâyûkm** (lire **aperenâyûkem**) N. 105; **aperenâyûkahê** (gén. en fonct. d'acc.) N. 7; gen. **asperenâyûkahêca** (lire **aperenâyûkâheca**) N. 40; voc. **aperenâyûka** N. 9; duel. nom. acc. **aperenâyuka** *amat* M. F. 4; (voir **aperenayu, aperenâyi**, composé de **a + perenâyuka.**

aperemnô, voir **par + â.**

apereyûkô voir **aperenâyuka.**

apotemem lire **apanôtemem**, voir **apana.**

apnôtemem lire **apanôtemem** et voir **apana.**

apvati fém. sing. dat. **apvatiê** « connaissance », traduit *dar khavîtûntan* « connaître » (lire **apavati** et voir **vat + apa** M. F. 20.

afithyô voir **afrithya.**

afrâokhti fém. sg. instr. **afrâokhtê** (lire **afrâokhti**) *frâj gavishnîh* (lire *frâj lâ gavishnîh*) « pour l'action de ne pas répondre » N. 13.

afracîci adj. pl. nom. **afracîcîsh** (accordé avec un pluriel neutre) *afrâj câshtâr* « que l'on ne peut faire, concevoir ou enseigner » T. 101. Il faut corriger en

afracishîsh dérivé d'une racine **cish?** (J. Darmesteter *Zend-Avesta*, Tome III, page 74).

afraderesavañṭ adj. traduit en pazend *anashrâs* et en sanscrit *anâlokâm* « que l'on ne peut voir ». Sg. mscl. acc. **afraderesavañtem** Aog. 28. **(a + fra + deresavanṭ).**

aframarañṭ adj. sg. masc. acc. **aframareñtem** « celui qui ne récite pas » *frâj an manîtûntan* litt. « action de ne pas réciter » N. 53 (**a + framarañṭ,** part. prés. de **mar + fra**).

aframareñti voir **aframereti.**

aframereti fém. sg. instr. **aframareñti** (lire **aframereti**) *a-frâj-ôshmarishnîh* « par non répétition », N. 22.

afrasañhã adj. neutre plur. se rapp. à **hvatva**, *asajishn* « immérité » T. 83. Cf. J. Darmesteter, *Zend-Avestâ* T. I, 62, 6 N. 21, où la phrase **ya me añhaṭ afrasâoñhâo** est traduite en sanscrit *yâme abhût ayo gyâtâ* « quelle que soit mon indignité ».

afrashâvayañṭ adj. sg. mscl. nom. **afrashâvayô** *pun afrâj yadrûnishnîh* « qui apporte » (litt. qui est faisant arriver) N. 103. (**a + frashâvayañṭ**, part. prés. causal de **shu + fra**.

afravaôcañṭ adj. mscl. sg. nom. **afravaôcô** *âi* (lire *a frâj gûftarîh râi* « qui est muet, qui n'a pas de voix » N. 14 (**a+fravaocañṭ**, part. prés de **vac+fra**).

afravaôci adj. sg. nom **afravaôcîsh** (se rapportant à un nom. pl. neutre) *afrâj gûftar* « que l'on ne peut exprimer » T. 101.

afrithya adj. sg. masc. nom. **afithyô** (lire **afrithyô**) *ashûd* « affranchi de la corruption » F. Farh. 6.

afrôti lire **afraokhti** et voir **afraôkhti.**

afsmainya neutre instr. **afsmainya** *gâs srâyishn* « en chant métrique » **afsmainyãn ?** (lire **afsmainyavãn**)**?** acc. pl. neutre *pun gâs* N. 24; **afsmainyvañca** N .24, *gâs*.

aba ? N. 10.

abañta adj. mscl. pl. nom. **abañta** *âvîmâr* « qui n'est pas malade » N. 56. (Cf. **bañta**).

amarâta adj. pl. gen. **amarâtanâm** *anarmîn* « qui n'est pas souple » N. 58, (**a**+**marâta**).

amarsha adj. sg. masc. nom. **amarsha** (lire **amarshô**) *amarg* « affranchi de la mort » F. Farh. 5 (**a** + **marsha**).

amavañṭ adj. sg. mscl. inst. **amavata vaca** *amâvand gavishnihâ* « d'une voix forte » M. F. 8.

amâ ? D. 7.

amaô ? D. 7.

amesha voir **Amesha-Speñta.**

Amesha-Speñta *amahlaspandân*, « les Amshaspands », pl. acc. **ameshê-speñtê** N. 70 ; **ameshésa-speñté** (lire **ameshé** —) T. 76.

amãsta *dar sûft* « ils ont percé » F. Farh. 26. (3ᵉ pers. pluriel d'une forme d'aoriste).

amha voir **ahma.**

aya voir **apabaraya.**

ayañhana adj. duel. mscl. inst. **ayañhanaêibya** *î âhînîn* litt. « de fer », en général « de métal » N. 107.

ayan neutre sg. loc. **aiñ** *yôm* « jour » N. 72,81 (Cf. **ayare**.

ayana mscl. sg. acc. **ayanem** *madam pûn râs* « chemin » N. 9.

ayaptô dâtemasca : voir **âyapta** et **âyaptô-dâ.**

ayare neutre, traduit *yôm* « jour » voir **ayare drajañh** sg. nom. **ayare** F. Farh. 68.

ayare drajañh adj. sg. mscl. acc. **ayare drajô** « la longueur d'un jour », *yôm drânâi* N. 42, 43, 69, 83.

ar

uz voir **uzarena.**

fra act· parfait sing. 3ᵉ personne **frâra** *frâj yahbûnt* « il a donné « N. 10.

ara adj. sg. neutre acc. **arem** *bûndag* « parfait » M. F. 21 ; en composition avec **maiti, mûkhti** (**ûkhti**)... etc. T. 46.

araza pl. nom.? **araza** *pish angûst* « index ou pouce » M. F. 10. (cf. **frârâdha**, le **dh** et le **z** s'interchangeant).

aratu adj, « qui n'a pas de Ratu », sg. mscl. gén. **aratvô,** *aratih* T. 16.

aratufri adj. « non agréé » *aratîhâ* (voir **ratufri**) sg. mscl. nom. **aratufrish** N. 22, 25, 37, 100, 105; *ratîhâ* (lire *aratîhâ*) N. 55, 103, 108, (avec un verbe au pluriel) N. 101, 103, 104. **aratufrish** (lire **ratufrish**) N. 108. Duel nom. **aratufrya** N. 24, 32 (nomin. pluriel fautif). Pl. nom. **aratufryô** N. 33, 87, 88, 91, 92, 93, 95, 97; *(a)ratîhâ* N. 39 ; *kulà-2-în aratîhâ* N. 94 (nomin. pluriel à la place du duel).

aratô-kerethina adj. sg. masc. nom. **aratô-kerethinô** *izishn kartâr* « qui accomplit ou qui termine le sacrifice » M. F. 21. (Cf. **yasnô-kereti).**

arathwyô-beretâ adj. sg. fém. instr. (la forme pourrait être un datif irrégulier) **arathwyô - beretê** *pun aparûn barishnîh* « mal traité » T. 47.

arathwyô-varshti lire et voir **rathwyô-varshti.**

aradusha voir **aredush.**

...**araṭ** voir **añtara.**

arastra neutre nom. ou acc. **arastrem** *tavân* « puissance » N. 32.

arâthru sg. abl. **arâthraoṭ.** Ce mot semble traduit en pehlvi *zôt-dân* » vase ou place du Zaotar »; c'est peut être *l'âlâtgâh*, la table qui supporte les ustensiles du Zaôtar N. 78. (Voir J. Darmesteter, *Zend-Avesta*, Tome III, p. 130, note).

aruta traduit *bâmîk* « beau », voir **sruta** *nâmîk* M. F. 26.

arura traduit en pehlvi *r-a-t*. Le pehlvi peut se lire *rakht*, d'où le sens de « habits, assortiment de vêtements ». On peut lire également *rât* ; le mot zend signifierait dans ce cas, « généreux, ou générosité »; il est difficile de déterminer lequel des deux, car l'adjectif pehlvi traduit quelquelquefois l'abstrait zend et réciproquement M. F. 20.

areiti fém. sg. acc. **âreitîmca** *tarsakâsîh* « hommage » T. 89.

arejaṅh neutre « valeur ». Sg. acc. **arejô** traduit *arzêt* « il vaut », **ashta gavãm azinãm arejô** *4 tôrâ u 4 az arzêt* « il vaut 4 bœufs et 4 vaches » F. Farh. 6.

aretha neutre sg. gén. **arethahê** *dâtistân sakhûn* « procès » litt : « paroles de jugement » F. Farh. 70. Cf. **arethavan.**

arethavan masc. sg. gén. **arethavanô** *pasmâl u pêshmâl* « plaideur »; *pasmâl* signifie « défendeur » et *pêshmâl* « demandeur » (**Aretha + van** « celui qui a procès ») M. F. 90.

aredush nom d'un péché ; ce mot est toujours transcrit en pehlvi *ardûsh* ; sg. abl. **aredushâṭ** *madam ardûsh*, N. 54 ; inst **aradusha,** N. 15, 42 ; acc. **ardush** N. 45.

aredvâe adverbe « debout » *stîndag*. (Cf. **aredu** « élevé ») N. 85.

arenaṅh pl. nom. acc. **arenaô** ? D. 7.

aremôidô lire et voir **aremôidô-shâdo** ou lire en joignant à **shâdo : armeshâdô, armaeshâta.**

aremôidô-shâda adj. sg. mscl. nom. **aremôidô-shâdô** *armêshtân* « qui ne bouge pas » N. 103. Voir **armaêshta**. La forme barbare du *Nirangistan* doit sans doute être corrigée en **armeshâda** ou **armaêshta.**

aresha masc. traduit en parsi *khars* et en sanscrit *simha* « ours ». Sg. nom. **areshô** (cf. le sanscrit *hrksa* et le persan *khars*) Aog. 79.

arèna adj. *apatkâr* « sans opposition » M. F. 21.

ardush v. **aredush.**

arma sg. nom. **armô** *arm* « bras » ? T. 68.

armaêshta adj. sg. fém. dat. **armaêshtaya** (lire **armaêshtayâi**) *armêsht* « stagnant, qui ne bouge pas (en parlant de l'eau) » N. 67. (Voir **aremôidô shâdô**).

arhsti fém. sg. acc. **arshtîm** *ashtar* « lance » T. 34.

arshvacaṅh, adj. sup. sg. mscl. dat. **arshvacastemâi** *râst gavishntar* « le plus véridique » N. 80.

av act. opt. sg. 3ᵉ personne **avôit** *ayyarînêt* « qu'il secoure » N. 3 ; subj. imp. **avaṭ** *ayyârînêt* « secourra-t-il » N. 3.

ava v. **hâu.**

ava, non traduit, **ava vâcim**, N. 103.

ava v. **dva.**

ava préfixe verbal. T. 35, 81 ; N. 42, 43, 52, 93, 100, 101 ; adverbe gouvernant l'accusatif « vers, dans » T. 68.

ava voir **ava urvaiti** N. 54.

avaiaṭ *zakand* « autant que » M. F. 21.

ava urvaiti fém. sg. instr. **ava urvaityâ** *dûshâramîh* « amitié, amour » N. 54.

avaêza adj. sg. mscl. nom. **avaêzô** *avinâs* « qui est sans péché » N. 67.

avareta fém. pl. nom. acc. **avaretâo** *khvâstak* « bien, propriété » F. Farh. 55.

avastâta adj., neutre employé substantivement **avastâtem** *madam yakôyamûnêt* « qui est bien équilibré » F. Farg. 2 b. **(ava+stâ).**

avâoyâo traduit *olâshân man*, lire **avâo yâo** ; voir **ava** et **ya.**

avañṭ adj. désignant les choses et les objets éloignés ; neutre sg. nom. **avâṭ** *zak* « cela » F. Farh. 12 ; acc. **avaṭ** *îtûn* « cela » T. 34 ; « ainsi » T. 35, 48 ; *îtûn* « autant que ceci » N. 11 ; **avat** faute de copiste pour **avâo**, voir **ava.**

avaṅh neutre sg. gén. **avaṅhasca** *ayyabâr* « secours » T. 100.

avaṅha (?) pronom traduit *nafshâ* « soi-même » N. 54.

avaṅhabdemna part. prés. moyen employé adjectivement de **ava+hvab+dâ** ; sg. nom. **avaṅhabdemnô** *barâ khuftînd* « rêvant » N. 53.

avacya adj. sg. mscl. nom. **avacyô** *zakâi* « l'un » N. 24. (Cet adjectif est dérivé de **ava**. Cf. **avacina** dans le *Handbuch* de Justi).

avatha adverbe, traduit *ît man* (lire *îtûn*) « alors » N. 68.

avathwaresa neutre sg. gén. **avathwaresahê** *barâ paskûnishn barîn zak amâr min khûn apash yatûnêt* « action de couper la peau et de faire couler le sang » nom d'un crime M. F. 35.

avadha adverbe *îtûn* « ainsi » N. 15.

avayâṭ adverbe *tamman* « en cette place » M. F. 21.

avayô voir **âvoya**.

avareta traduit *khvâstak* « fortune » M. F. 16. (Malgré l'autorité du pehlvi, Haugh en fait un dérivé du verbe **vare** « couvrir »).

avavañṭ adj. neutre sg. instr. **avavata** *pun and* « par un aussi grand... » T. 37. — acc. **avava** « un aussi grand que... » T. 38.

avâuńhiêiti transcrit *aingahân* ; nom d'un crime M. F. 35.

avi préfixe verbal et préposition.

avi gereftem voir **garew + avi.**

avisemna adj. sg. masc. nom. **evisemnô** (lire **avisemnô)** *zag î zagâi apatîrishnîh* T. 121 « celui qui ne veut pas » T. 121. (**a+visemna**, part. moy. de **vis**).

awra *mitrâg* ? M. F. 21.

1° **as.**

aiwi verbe « réciter » act. prés ind. sg. 3 **aiwyâsti** *manîtûnêt*, « il récite » N. 15. (Cf. **aiwishañṭ, aiwyâish).**

2° **as** verbe « venir » act. ind. prés. sg. 3 **âs** (?) T. 105 — subj. imp. sg. 3 **âsât** *yâmtûnât* « arrivera » N. 19.

ava subj. imp. sg. 3 (conjugué avec la carastéristique **nu**) **ashnavâṭ** *barâ yamatûnînêt* « s'il fait venir, s'il atteint » T. 35.
asaṅh neutre sg. loc. **asahi** (dans le manuscrit **as-hya**) trad. *pun jîvâk* « place, endroit » N. 101.
asânaêna adj. masc. duel instr. **asânaênaêibya** « avec les deux parties en fer (du mortier à broyer le **Haoma**) » N. 108. (On ne peut guère songer à corriger en **havanaêibya**).
asévishta adj. traduit en pazend *ké né sût khvastâr* et en sanscrit alâbhakarâh « qui n'est pas bienfaiteur » Aog. 59. (**a** + **sévishta**, voir **sévishta**).
asta neutre sg. acc. **astem** *ast* « os » F. Farh. 1 b; pl. nom. **astaca** *tan* « corps » T. 39.
astaêna adj. duel. mscl. instr. **astaênaêibya** *î-astîn* « d'os, en os » N. 107.
astan neutre sg. gén. (?) **astô** « corps » T. 97.
astarem voir **âstâra**.
astâta adj. sg. mscl. nom. **astâtô** *anyakôyamûnêt* « qui ne se tient pas, qui n'existe pas » M. F. 20. (**a**+**stâta**, part. passif de **stâ**).
asti fém. sg. nom (?) **astishca** traduit *ahûkînêt* « incarnation (?) » T. 37.
astvaṅṭ adj. traduit *astômand* « corporel » sg. mscl. nom. **astvâo** F. Farh. 5; dat. **astvaitê** T. 87.; **astvaiti** (lire **astvaitê**) N. 72; gén. **astvatô** T. 14, 58, 98; N. 63, 84, F. Farh. 64; **astvatahê** (lire **astvâtô**) T. 90; **astvahê** T. 91; loc. **astavaṅti** T. 78; **astvaiṅti** T. 87; **astvaṅti** T. 99; pl. dat. abl. **astvaêitibyô** T. 15.
asna adj. neutre sg. loc. **asnê** *min nazdîg* « de près » T. 33.
aspa masc. traduit *asp* ou en huzvaresh *sûsyâ* « cheval » sg. nom. **aspô** N. 37; acc. **aspem** traduit en sanscrit asvasamûham Aog 82.

aspañhâdha adj. traduit en pazend *asp hupâr* (pour *khvapâr*) et en sanscrit asvam̃gilah « qui dévore les chevaux » mscl. sg. nom. **aspañhâdhô** Aog. 78. (**aspa** + **hâdha**, de la racine **hâd** qui se trouve en sanscrit sous la forme sadh.

asperezô-dâ adj. superlatif sg. mscl. nom. **asperezô-dâtemasca** *akôkhshishn dâtâr* « qui fait le moins jalousie » T. 109. (Cf. James Darmesteter, *Zend-Avesta*, *Yasna*, Hâ 65, § 8, note 23 : le mot **sperezvâo** est traduit *kôshtâr* (lire *kôshîtâr*) « celui qui fait effort contre..., qui rivalise, qui jalouse ».

asperenañh neutre sg. acc. **asperenô** traduit *ûsporîgîh ûspôrîkânîh* « plénitude » N. 3.

asperena adj. sg. gén. irrégulier **asperenô** *ûspôrîg* « complet » N. 91, 96 ; **aspkereñtô** (lire **asperenô**) *ûspôrîg* N. 96 ; (dans ce passage ce mot est plutôt le premier terme d'un composé **asperenô-vastra**.

asperenâyûka hêca lire **aperenâyukahêca** et voir **aperenâyûka**.

asperenô-vastra neutre sg. gén. **asperenô vastrahé** N. 91 ; **aspkerentô** (lire **asperenô**) **vastrahé** *ûspôrîg vastarg* « vêtement complet » (**asperena** + **vastra**).

aspkereñto voir **asperena** et **asperenô vastra**.

aspya adj. pl. neutre gén. **aspayanam** *i asp* « de cheval « N. 67.

aspyâ voir **aspyâ payañhô**, peut être à lire **aspyêhê**.

aspyâ payañh neutre sg. gén. **aspyâ payañhô** *asp pîm* « lait de jument » (lire **aspô payañhô ?**) N. 30 (**aspa** + **payañh**).

asmem lire **aêsmen** et voir **aêsma** N. 103.

asraoshya adj. masc. pl. gén. **asraoshyanãm** *asrôsh* « personne qui n'a pas de direction spirituelle » T. 18. **a** + **sraoshya**.

asrasciñta adj. mscl. sg. acc. **asrasciñtem** *barâ rîshtakân* (?) (lire **asrasciñtanâm ?**) N. 68.

asrâvayañṭ adj. « qui ne chante pas » sg. mscl. nom. **asrâvayô** N. 43; *lâ yazbakhûnêt* N. 41, 44, 45; *lâ srâyât* ; N. 42; *asrôtâr* N. 42, 44; *pun afrâj srâyishnîh* N. 104. (Cette traduction indique une lecture **afrâsrâvayô** et non **asrâvayô**.

asrâvayamna adj. neutre sg. abl. **asrâvayamnâṭ** *pun asrâyishnîh* « par l'action de ne pas chanter » N. 68. (**a** + **srâvayamna** part. passif de **sru** « chanter »).

asriti voir **aiwisriti**.

asruiti fém. sing. instr. **asruiti** *pun asrâyishnîh* « par l'action de ne pas chanter » N. 30.

asruiti fém. « action de ne pas chanter » sg. instr. **asruiti** *pun asrâyishnîh* litt. « par le non chantement » N. 10.

asruṭ voir **asruṭ gaosha**.

asruta « qui n'est point chanté » adj. masc. sg. acc. **asrutem** *pun asrâyishnîh*, litt. « par l'absence de chant » N. 103; pl. fém. acc. **asrûtaô** *asrût* N. 25.

asruti voir **asruiti**.

asruṭ gaosha adj. sg. mscl. nom. **asruṭ gaoshô** *a-shnavâk gôshîh râî* « qui a une oreille qui n'entend pas, sourd » N. 14.

asha fém. sg. instr. **ashaônê** (lire **ashayâ**) *pun ashâtîh* « par tristesse » N. 15 (**a** + **shâ**, négatif de **shâ** « être en joie ». (Cf. pehlvi *shât*, persan *shâd*).

asha

1° Substantif neutre généralement traduit *ahlâyîh* « sainteté, bien, vertu » sg. nom. **ashem** T. 92 (voir **ashem vohû**); **asha** (lire **ashem**) T. 94; abl. **ashâṭ** (dans la formule **yeñhê mê ashâṭ haca**) N. 102; instr. **asha** T. 103; **ashtahmô** (lire **ashâ tahmô** et voir **tahma**) T. 104; dat. **ashaî** N. 1; acc. **ashem** (glosé *gôspand u âtâsh*) « mouton et feu » T. 42, 110; gén. **ashahê** T. 15, 18, 98, 106; D. 2.

2° neutre sg. acc. « cérémonie sacrée » **ashem** N. 6.

3° L' « Ashem Vôhu » traduit *ahlayîh* et transcrit *Ashêm vôhûk* sg. acc. **ashem** T. 61.

asha fém. sg. gén. **ashayâo** *ahlâyînîtârîh* « le bien, l'action de faire du bien » T. 100.

asha fém. sg. gén. **ashayâo** transcrit *as* en pehlvi et glosé *cîgûn andar sûft var* « partie du corps qui se trouve entre les épaules et les seins » M. T. 10.

ashaoni adj. traduit *ahlav* « saint » pl. fém. nom. **ashaonish** *ahlavân* « les saints » T. 77.

ashaonê traduit en pehlvi *pun ashâtih* « sans joie, avec tristesse ». Cette forme qui est peut être à lire **ashayâ** semble un datif de l'adjectif **ashavan**, elle est traduite par le pehlvi comme un instrumental de **ashâ**, composé de **a** + **shâ**, négatif de **shâ** « joie ». (Cf. le zend **shâta**, le pehlvi *shât* et le persan *shād*).

asha cithra adj. « qui a son germe dans le bien, qui a le bien pour essence » pl. gén. **ashacithranãm** traduit par erreur *sarîtartûm* « le plus mauvais »; lire **âtaranãm** ou **dushcithranãm** (J. Darmesteter, *Zend-Avesta*, Tome III, page 72, note). Cf. **ashô-cithra**.

ashanô voir **ashavan**.

ashavan adj. généralement traduit *ahlav* « saint, juste » sg. mscl. nom. **ashava** T. 23, 41, 64, 89; **ashavanô** (forme de génitif) F. Farh. 61; dat. **ashâonê** N. 84; *tarsakâsîh* N. 16; **ashâonê** *pun ashâtîh* « avec tristesse (voir **asha**) N. 15; acc. **ashavanem** T. 12, 38, 43, 107; N. 11, 52, 84; **anashavanem** (lire **ashavanem**) N. 109; gén. **ashaonô** T. 44, 89, 120; N. 81; F. Farh. 63; **ashanô** (lire **ashaonô**) T. 74; voc. **ashava** (trad. *ahlâyîh* « sainteté ») T. 98; pl. mscl. dat. **ashavabyô** T. 109; gén. **ashâunãmca** N. 70.

Asha Vahishta nom propre, dat. **Ashâi Vahishtâi** T. 72; gén. **Ashahê-Vahishtahê** F. Farh. 15 c.

ashaya fém. traduit *ahlayîh* « sainteté, vertu » sg. acc. **ashayãm** T. 25.

ashaya verbe dénominatif tiré de **asha**; prés. ind. sg. 3 **ashayâiti** *anâ ahlâyînêt* « il mérite de... » T. 24.

Ashayâ-âaṭ prière à réciter deux fois ou Bishamrûta N. 34. (Commencement d'une Gâtha; *Yasna*, Hâ xxxv, § 8; *Vendidad*, Fargard x, § 4).

ashi fém. sg. nom. **ashish** *tarsakâsîh* « piété » N. 68; D. 7.

ashi v. **asha,**

Ashem Vôhû, commencement de la prière bien connue, traduit en pehlvi *ahlayîk âpâtîh*, ou transcrit *ashêm-vôhûk* N. 35, 84, D. 7. (Cf. *Yasna*, Hâ xxvii, § 14, et *Vendidād*, Farg. x, § 8).

ashô-cithra neutre pl. loc. **ashô-cithraêshu** *ahlâyîh padtâkîh* « fruits du bien, qui est produit par le bien » T. 56. (Cf. **asha-cithra**).

ashô-ṭkaêsha adj. sg. mscl. gén. **ashô-ṭkaêshahê** *ahlav dâtistân* « sectateur de la loi sainte » T. 100.

ashta neutre sg. acc. **ashtem** *ashtak*, *ashtakîh* « message » N. 105.

ashta nom de nombre « huit » F. Farh. 6.

ashtaṅhva adj. dérivé de **ashta** neutre sg. acc. **ashtaṅhum** *ashtûtak* « la huitième partie » M. F. 1.

ashtahmô lire **asha tahmô** T. 104; voir **asha** et **tahma**

ashti fém. sg. nom. **ashtish** traduit *âhûkînêt* « incarnation » T. 37.

ashti fém.; nom d'une mesure de longueur. (Cf. *Vendidad*, Farg. xiii, § 30), traduit *ashtak)* **cathwarô ashti masô** est rendu *cîgûn* 3 *apâshtâk* (l. *ashtâk*) *masâî* N. 66 ; sg. nom. **ashtish** *astak* F. Farh. 10.

ashti masaṅh neutre sg. acc. **ashti masô** *ashtak masâî* « la quantité d'une **ashti** » N. 66.

ashtra fém. sg. instr. **ashtraya** *ashtar* ; l'instrument de supplice nommé « **aspahê ashtra** » T. 8.

ashnôtemâi lire **dashinôtemâi** et voir **dashina** N. 70.

as-hya traduit *pun zag olâî jîvâk* « dans ce lieu » (lire **asahi** ?) N. 101. Voir **asaṅh**.

ah verbe substantif traduit *havâ* et *ît* « être ». actif ind. prés. sg. 1 **ahmi** *havâ-am* T. 58 ; sg. 3 **asti** *ît* T. 54; N. 30; F. Farh. 47, 61, 68; pl. 3 **hénñti** (lire **heñti**) N. 2; **heñti** *havâ-and* F. Farh. 1 a; N. 33; **hêñti** *havâ-and* N. 102 ; **hénnti** N. 2; **pañti** (lire **heñti**) *havâ-and* N. 34 ; imp. sg. 3 **âs** *yahvûnêt* « il était » M. F. 20 ; pot. sg. 3 **hyaț** (lire **hyâț**) *yahvûnt havâ-âi* N. 44 ; *ît* N. 42 ; subj. prés. **aṅhaț** « il sera » T. 98, N. 9 ; *ît* N. 17, 31, 45, 68, 72 ; **aṅhaț** T. 23 ; subj. imp. pl. 3 **aṅhen** traduit *yazlûnêt* « ils s'éloigneraient » N. 8 ; traduit *havâ-and* N. 90, 108 ; *yahvûnt havâ-and* F. Farh 23 ; **aṅhê** *havâ-and* T. 109 ; parf. ind. sg. 3 **aṅuha** (lire **aoṅha** *havâ* N. 15 ; act. part. prés. pl. mascl. nom. **hañtô** *ômand* « étant » N. 53 ; **heñta** *ômand* N. 52.

pairi, **pairi añuha** *barâ-âm* (glosé *yâtûnêm* « je vais » N. 7.

ahaktô lire **âhakhtô** et voir **âhakhta**.

ahu mscl. duel. dat. abl. **ahubya** *ahûîh* « maître temporel » (**ahubya ratubya**, les deux termes sont au duel comme formant un *dvandva*) F. Farh. 15 c.

ahu mascl. traduit *ahû* et *ahvān*, plus rarement *stî* ou *gîtî* « le monde » sg. nom **aṅhush** T. 92 ; dat. **aṅhê** T. 87, N. 72 ; acc. **ahûm** T. 83, 91 ; gén. **aṅhéush** T. 14, 58, 90, 91, 98, 108 ; N. 63, 84 F. Farh. 64 ; loc. **aṅhvô** T. 78, 87, 99.

Ahuna mscl. acc. **ahuna** (lire **ahunem**) *ahûnvar*. L'Ahuna Vairya, voir **ahuna vairya**.

Ahuna Vairya mscl. traduit *ahûnvar* ou transcrit *yatak ahûk vaîryôk*, la prière appelée **Ahuna vairya**, le **yathâ ahû vairyô**; sg. abl. **ahunâț vairyâț** N. 68; acc. **ahunem vairim** N. 20, 81 ; gén. **ahunahé-vairyêhê** T. 54 ; acc. pl. **ahunãsca vairyã** N. 50; gén. **ahunanãm vairyanãm** N. 102.

ahunavaț, voir **hu** + **â**.

ahunavañț adj. employé substantivement; sg. acc.

ahunavaṭca gâthãm (lire **ahunavaitîm gâthãm**). la « Gâtha Ahunavaiti » *ahûnpat* N. 46.

ahumaiti lire et voir **humaiti** T. 57.

ahumãnṭ adj. sg. neutre acc. **humaṭ** (lire **ahumaṭ**) *ahû-ômandîh* « la qualité d'avoir un âhu » T. 13.

Ahura Mazda nom. propre, transcrit *Aûhrmazd*, nom. **ahurô mazdaô** T. 55, 58, 82; F. Farh. 13; acc. **ahurem mazdãm** T. 22; N. 70; gén. **ahurahé-mazdâo** T. 23, 32, 88, 92; F. Farh. 61; **ahurô** (lire **ahurahé**) **mazdâo** F. Farh. 40.

ahûrâni le « Hâ Ahûrâni » dat. **ahûrânê** N. 109.

ahêca lire et voir **haca**.

ahma lire et voir **hama**, traduit *pun hamîn* N. 103.

ahma mascl. sg. dat. **ahmâi** *amâvandîh* « puissance » M. F. 20.

ahyâ yâsâ prière à réciter deux fois ou Bishamrûta; commencement d'une Gatha N. 34; (*Yasna*, Hâ XXVIII, § 2; *Vendidad*, Farg. x § 4).

A

â adverbe « à, dans, jusqu'à ce que, de » **hâthrem zañtaoṭ â dañhaoṭ** *min zand îtûn min matâ* « à un hathra du district et du pays » N. 8; F Farh. 10; N. 42, 43; *ôd* N. 48, 50; *madam* « sur » N. 65; employé comme préfixe verbal N. 77, 82, 94.

â voir **âreitîm**.

âca voir **âca paracâ**.

âaṭ adverbe « or, mais, alors » T. 78, 80, 81; N. 10, 13, 14, 26, 38, 39, 46, 47, 50, 53, 60, 66, 67, 72, 73, 74, 75, 76, 83, 88, 90, 95, 96, 97, 101, 102, 103, 104, 105; *adîn* N. 9; *îtûn* N. 62; voir **ashayâ**.

â airyêmâ, prière à réciter quatre fois ou Cathrushâmrûta, commencement d'une Gâtha (*Yasna*, Hâ LIV, § 1; *Vendidad*, Fargard x, § 12).

âoṅti fém. sg. gén. **âontyâo** *yâtûnishn-i-vîn* « l'expiration par le nez » M. F. 8.

âoṅha voir **nâoṅha**.

âoṅhânô voir **âh**.

âka adj. pl. fém acc. employé adverbialement **âkâo** *amat âshkârak* « d'une façon manifeste, ouvertement » N. 6, 63.

âkacithama adj. pl. mscl gén. **âkacithamanãm** *zak-î tôjishn* (?) N. 63.

âkhshti fém. sg. instr. **âhishti** (lire **âkhshti**) *pun âshtîh* « en paix » T. 50.

âgava neutre pl. nom. **âg[a]va** *basryâ* « don de viande » N. 54 (**â** + **gau**. Ce mot peut se rapporter a **yâo** et être une forme de féminin).

âca voir **a**.

âca paraca « en aller et retour ».

âzâta voir **âdhâta**.

âzî conjonction *mâ* « car », lire **zî**.

âjaghaurwa voir **garew**+**â**.

âz verbe « subir »; toutes les formes de cette racine sont traduites en pehlvi *zanîsh*, *âi zanishn*, de la racine *zan*; act. ind. prés. sg. 3 **azaiti** T. 8; **âzaiti** N. 43; subj. prés. sg. 3 **âzâiti** N. 109; **azâiti** N. 42.

paiti subj. prés. sg. 3 **paiti âzâiti** *zôt* (lire *zanishn* N. 69, 83.

âzaiñtivañṭ adj. sg. fém. nom. **âzaintivaiti** « connaissant » traduit *shnasagîh* « action de connaître, M. F. 8 (**âzaiñti** = **â** + **zan** + **vânṭ**).

âtar mascl. toujours traduit *âtâsh* ou *âtar* « le feu et le génie du feu » sg. nom. **âtarsh** T. 23, 32; dat. **âthraêca** N. 74; acc. **âtaremca** N. 68; **âtrem** (lire **âtarem**) N. 73, 81; gén. **âthrô** N. 79; **âthrasca** T. 88; N. 73, 74; loc. **añtare** (lire **âtare** ou **âtari**) *ghal âtâsh* N. 65).

âtare-keretar adj. sg. mascl. nom. **âtare-kereta** *âtâsh-kartâr* « celui qui fait le feu » M. F. 21.

âtare-taraênaêmaṭ adj. traduit *âtâsh-tar-nîmak* (?) **âtare** = *âtâsh*, **taraê** = *tar*, **naêmaṭ** = *nîmâk*, d'où le sens de « la moitié de l'*âtash-tar* (?) » M. F. 21.

âtare-frithita adj. sg. mscl. acc. **âtare-frithitemca** *âtâsh farnâft zak rattûm* « le feu le plus libéral » M. F. 21. (Comparer le nom du feu **Vohu-fryâna** qui est traduit en pelhvi *shapir farnâftâr*, et en sanscrit uttamasakhâyam « l'excellent ami » ; c'est le feu qui brûle dans le corps de l'homme).

âtare-marezana adj. sg. mscl. nom. **âtare-marezanô** *âtâsh môshîtâr* « celui qui éteint le feu » M. F. 21.

âtare vazana adj. sg. mscl. nom. **âtare-vazanô** *âtâsh vazînîtâr* (?) M. F. 21.

âtharvan mscl. titre porté par un des prêtres qui offraient le sacrifice; sg. nom. **athrava** (lire **âthrava**) *zagî man âsrûk* N. 4 ; **athravana** (lire **âthrava**) *âsrav* N. 3 ; acc. **athaurunem** *pun âsrûkîh*, litt. « en qualité de prêtre » N. 1, 3, 4, 5, 6, 7 ; gén. **athaurunô** *îtûn ravâk* (traduction étymologique) M. F. 21.

âthravakhsha mscl. sg. nom., nom d'un prêtre, transcrit en pehvi *âtarvakhsh* ; acc. **âthravakhshem** N. 82 ; gén. **âthravakhshahê** N. 73, 79, 81.

âtha fém. sg. nom. **âtha** *dût* « fumée » M. F. 20.

âthra voir **atha**.

âthravana mscl. sg. nom. ou duel. nom. **âthravanô**, traduit 2 *pâspânak* « une paire de caleçons » N. 86.

âthraia lire **âthraya** adj. neutre **âthraiam** qui a rapport au feu » D. 5 (voir *Yasna*, Ha xxxvi § 1).

âdâo voir **âkâo** N. 6.

âdha (voir **ad**) act. parf. sg. 3 **âdha** *yamalalûnêt* « il dit » N. 32.

pairi act. parf. sg. 3 **pairi âdha** *barâ yamalalûnêt* « il dit » N. 32.

âdha adverbe *îtun* « alors » (lire **adha**) N. 22.

âdhâta adj. *âpâtîh zarkgûnt* « né dans la prospérité »

(lire **âzâta**, le **z** et le **dh** se confondant souvent) M. F. 20.

ânem D. 7.

ap verbe « atteindre » act. opt. sg. 3 **âpoiṭ**, **apôiish** (lire **âpoiṭ**) « s'il atteint » traduit *barâ âyâftâr*, litt. « celui qui atteint » N. 26 ; causal. imp. subj. sg. 3 **rapayâṭ** (lire **âpayâṭ**) *barâ âyâpît* « qu'il cherche à atteindre » N. 26 ; moyen causal imp. pl. 3 **apayãnta** *barâ ayâpînâd* N. 32.

âpem voir **ap** D. 7.

âfesh voir **ap**.

âfraôkhti voir **afraôkhti**.

âframarin adj. sg. nom. **âframari** *ôshmûrtar* « celui qui récite » N. 12.

âfrasruiti fém. sg. inst. **âfrasruiti** *frâj srâyishnîh* (lire *â-frâj-srâyishnîh*) « sans action de chant » N. 7.

âfriti fém. sg. nom. **âfriti** *âfrîn* « la bénédiction » T. 65. acc. **âfrîtîm** T. 66.

âfrimnâ adj. part. moyen de **â** + **fri** sg. mscl. nom. **âfrimnô** « celui qui récite la bénédiction » N. 12.

âfrimari voir **âframarin**.

âbereṭ mscl. nom. d'un prêtre, celui qui dans le sacrifice mazdéen primitif apportait l'eau (de **ap** + **bar**) généralement transcrit en pehlvi *âbart*. Sg. nom. **âberes** N. 77; acc. **âberetem** traduit étymologiquement *myâ bûrtâr* M. F. 21 ; gén. **âbereta** (lire **aberetô**) N. 79.

âmaêidhya mscl. sg. abl. **âmaêidhyâṭ** *mîyânak* « la mi-matinée » N. 46.

âmâta adj. sg. fém. nom. **âmâta** *ôzmût* « éprouvée » M. F. 19.

âyapta voir **ayapta** et **âyaptô-dâ**.

âyaptô-da adj. superl. sg. mscl. nom. **ayaptô** (lire **âyaptô**) **dâtemasca** *âyâft dâtârtûm* « celui qui donne le plus de faveur » T. 109.

âreitimca voir **areiti**, **â** et **reitimca**.

Armaiti nom de la déesse **Speñta-ârmaiti**; fém. sg. inst. **ârmaitê** (lire **ârmaiti**) *pun band* (lire *būndag*) *mînishnîh* (Citation du *Vispéred*, chapitre II § 10).

ârmata fem. sg. nom. **ârmata** *bûndag mînishn* « qui a l'esprit satisfait », variante du nom de **Speñta ârmaiti** M. F. 21.

ârmutô lire **âm rûto** ; voir **mru + â**.

âvish adverbe *âshkârakîh* « manifestement » T. 76.

âvoya neutre sg. instr. **âvoya** trad. *anâ* (lire *anâk*) « pour le mal » N. 84 ; **avayô** (lire **âvoya**) N. 84.

âstâra neutre « péché » sg. acc. **astarem** (lire **âstârem**); **astarem urva kâshayâṭ** est traduit *âstart u ghal ravân vakhdûnêt aîgh vinâs sar barâ yakhvûnêt* « elle contracte péché » N. 15. (De **stâr + a**).

âstry voir **star + â**.

âsnâtar masc. nom d'un prêtre dans le sacrifice complet, transcrit *asnôtar*, sg. acc. **âsnatârem** *pun asnôtarîh*, litt. « en qualité d'Asnatar » N. 82; abl. **âsnâthrâṭ** N. 80; gén. **âsnatârsh** N. 79 ; **âsnatâra** (lire **âsnatarô**) N. 75 ;

âh, verbe « s'asseoir ».
Moyen prés. ind. sg. 3 **âstê** *yatîbûnast* M. F. 20; part. prés. sg. mscl. nom. **âoṅhanô** *yâtîbûnân* « assis » T. 10, N. 37;

âhakta sg. mcsl. nom. **akhtô** (lire **âhakhtô**) *pun âfrâs* « autorisé » N. 20. (Part. passif de **hac+â**; cf. **anâhakhta**).

âhî traduit *zag î olâ*, lire **ahê** N. 10.

âhê lire **ahê**.

âhishti voir **âkhshti**.

I

i, ya, verbe « aller ». Act. part. prés. sg. nom. **myô** (lire. **ayô**) *sâtûnt* « en marchant » N. 37 ; moyen. ind. prés pl. 3 **yêtê** (lire **yañtê**) *sâtûnand* « elles vont » N. 68.

aiwi act. ind. prés. sg. 3. **aîwyâiti** *barâ satûnêt* « elle vient » T. 65.

apa act. ind. prés. sg. 3. **apayâiti** *madam sâtûnt* « il passe » (au sens actif); **apayaêti** *barâ sâtûnêt* « il omet » N. 33.

ava moyen ind. prés. sg. 3. **avavâité** (lire **avâitê**) *barâ yâmatûnêt* « il s'échappera » T. 117.

â moyen ind. prés. sg. 3. **aitê** « il va » T. 68.

upa act. subj. imp. sg. 3. **upayaṭ** (lire **upayâṭ** *barâ sâtûnât* « qu'il aille » N. 12.

us act. ind. prés. sg. 3. **uzâiti** *lâlâ uzêt* « il se lève » F. Farh. 12.

paiti moyen ind. prés. au sens futur pl. 3. **paityâoñtê** *yahvūnd* (suppléer *patîrîshn* avant *yahvûnd*) « viendront » T. 108.

para act. ind. prés. sg. 3. **parâiti** *barâ sâtûnat* « s'en va » N. 4; **para-âiti** *barâ sâtûnêt* N. 2; **parâyaiti** *âi sâtûnêt* « il s'en va »; imp. subj. sg. 3. **parayâṭ** *barâ sâtûnât* « qu'il aille » N, 4; **parâyâṭ** *barâ anâ sâtûnât* « qu'il s'en aille » N. 5.

para-paiti act. ind. prés. sg. 3. **parapaityâiti** *lakhvar sâtûnêt* « il passe « N. 11.

i thème pronominal; pl. fém. acc. **ish** « elle » N. 26.

iti voir **aiwishiti** N. 4.

itha adverbe traduit *tamman* « là » (lire **ithra** ?) N. 101.

itha adverbe *îtûn* « de même, ainsi » N. 47, 50, 67.

ithyêjaṅuhaññṭ adj. sg. fém. voc. **ithyêjaṅuhaiti** traduit en pazend *sezmand* et en sanscrit vinâsavati Aog. 25, 26, 27, 28 (Geiger lit à tort **ithyêjôṅhvaññṭ**; (**ithyêjaṅh** + **vaññṭ**.)

ithra adverbe « là-bas » T. 45; traduit *litamman* « ici-bas » T. 90; **kva ithra** « où » N. 85; **aithra** (lire **ithra**) *tamman* « là-bas » T. 47.

imãm voir **aêm**.

irith verbe « périr, mourir » traduit *barâ vitartan* (ms *vilōrtan*) moy. part. sg. mscl. gén. **irîritânahê** « mort » T. 44 ; **iririthânê** (lire **irîrithanahê**) T. 74.

irish verbe « blesser, endommager » part. prés. pl. fém. gén. **irishañtinãm** « endommagées » N. 2 ; part. passif. pl. mscl. nom. **irishta** *rîsht* « blessé » N. 56.

irishañtinãm voir **irish**.

irîrîsh ? traduit *rai-sh-a-nd-* (lire *râyînînd ?*) N. 95.

iverbaresca ? *a-roîshâ ?* « sans tête » N. 99.

is verbe « désirer, vouloir » act. ind. prés. sg. 3 (conjugue à la 4ᵉ classe) **isaiti**, dans la phrase **ãstem isaiti tañva**, traduite en pazend *tanahastî khvaheshn*, et en sanscrit tanunâstika tvâm abhilâsate « désir de néant des corps » Aog. 48 ; opt. sg. 3 **isôiṭ** *bôyahûnêt havâ-at* « il désirerait » N. 12 ; imp. conj. sg. 3 **isâṭ** *bôyâhûnât* « il désirera » N. 109.

upa act. ind. prés. sg. 3 **upôisaiti** *madam bôyahûnêt* « il désire » N. 109 ; opt. sg. 3 **upa-isôiṭ** *madam âî bôyahûnêt* N. 10 ; **upoisôiṭ** *madam aî bôyahûnêt* « qu'il s'adresse, qu'il consulte » N. 11 ; **pôisôiṭ** (lire **upôisôiṭ**) *bôyahûnêt* « il désirerait » N. 109 ; subj. imp. sg. 3 **upôisâṭ** *madam bôyahûnêt* « il demanderait, désirerait » N. 11, 109 ; moy. part. prés. sg. mscl. nom. **upô isemnô** *râî khvâhishnîh madam* « désirant » N. 53 ; employé pour le pluriel **upaisemnô** *bôyahûnishn rāī* N. 52.

is verbe « acquérir, gagner » act. ind. prés. sg. 3 (conjugué à la 2ᵉ classe) **isti** traduit en pazend *vañded* et en sanscrit labhate « il acquiert » Aog 82.

is verbe « pouvoir » moy. imp. ind. sg. 3 **isaêta** *tavân havâ-t* « il peut » T. 39.

isca neutre pl. « ressources, richesses « traduit *tavânîg* « qui a des ressources » N. 109 (voir **ishca**).

ish voir **apôi** sous **âp**.

ish verbe « **?** » moy. caus. part. prés. pl. gén. **aêshayamananãm** traduit *barā dâtakân* N. 68.

ish verbe « vouloir, désirer aimer » cf. **is.**

paiti act. prés. part. sg. mscl. acc. **paiteshe͂ntem** traduit *pun nôk khvâhishnîh* « désirant toujours, aimant d'un amour toujours nouveau » T 15.

fra moy. ind. prés. pl. 1 **fraêshyamâhê** « nous ordonnons » traduit *farmāyam aîgh zag jîvâk azalūnīt* « j'ordonne qu'il aille dans cet endroit ».

ish voir **i.**

ishu mscl. sg. acc. **ishûm** *tîr* « flèche » T. 34.

ishca neutre pl. **ishca** « ressources, richesses » traduit *tavânig* » qui a des ressources » N. 109 (voir **isca**).

ishti fém. « ressourcss, richesses » sg. loc. **ishti, ishtê** traduit *tavânîg* « qui a des ressources, de la fortune T. 12.

U

u ? N. 44.

uiti adverbe «ainsi » N. 37.

uithê-tâtô dans **frâ uithê tâtô** traduit en pelhvi *frâj hambarîshn ravishnîh* « moëlle » N. 61 (Cf. James Darmesteter *Zend-Avesta*, Tome II, page 87, note 9 ; dans ce passage du *Vendidad*, **ûthem** est transcrit *us* et traduit *carpishn* « graisse » ; **ûthô-tâs** est traduit *ûth* (en caractères zends) *ravishnîh*, expliqué par *mazg* « moëlle ». Cf. Tome II, p. 235, § 17, où **uthrem** est transcrit *ûs* (écrit en caractères zends).

ukhdha adj. employé substantivement dans le sens de parole, litt. « ce qui est parlé » sg. fém. acc. **ukhdhãm** *sakhûn* F. Farh. 59 ; sg. neutre acc. **ukhdhem** *milyâ* F. Farh. 28; pl. fém. nom. **ukhdhâo** *milyâ* M. F. 9.

ukhdhashna adjectif sg. mscl. nom. **ukhdhashna** (lire **ukhdhashnô**) *mîlyâ shinâs* « qui sait parler » F. Farh. 2. c. (**ukhdha** + **shna** ; Voir Darmesteter, *Zend-Avesta*, Tome III, p. 15, note).

ukhdhô-vac adj. pl. mscl. gén. **ukhdhô-vacãm** *pûn*

milyâ gôbômandîh « celui qui intercède » F. Farh. 2, c. (Cf. le suivant).

ukhdhô-vacaṅh adj. sg. mascl. nom **ukhdhô-vacâo** « qui intercède, qui parle pour autrui » traduit *milyâ-yamallûn* litt. « qui parle des paroles » F. Farh. 2, c. ; superlatif sg. mascl. nom **ukhdhô-vacastemô** *gôbô-tûm* « celui qui parle le mieux » T. 47.

ukhsh verbe.

pairi act. caus. ind. prés. sg. 3 **pairi ukhshayêiti** « il fait grandir, il élève (la voix) » N. 32.

uzayairina adj. « qui se rapprte à **Uzayairina**, le Gâh de l'après midi » ms. sg. loc. **uzayêirinê** *pun ûzyâr* « l'après-midi » N. 9 ; pl. gén. **uzayairanãm** (lire **uzayairinanãm**) traduit en pazend *uzayêirin* N. 50.

uzayara mscl. « l'après-midi » sg. abl. **uzaryavâṭ** (lire **uzayarâṭ**) *uzîrîn* N. 50 ; acc. **uzarem** (lire **uzayarem**) dat. **uzayarâi** *uzîr* N. 47, 49.

uzarena adj. sg. mscl. nom. **uzarenô** *pun lâ'â nikîrâîh* « yolant, corrompant » litt ; « par la corruption T. 117. (voir **uz** + **ar**).

uzarem voir **uzayara** N. 47.

uzashta traduit *lâlâ hasht*, *cand 8 angûsht* (autant que huit doigts) ; nom d'une mesure linéaire comprenant huit doigts.—La traduction *lâlâ hasht* provient d'une étymologie erronée. Le traducteur a décomposé arbitrairement le mot **uzashta** en **uz** = *lâlâ*, **ashta** = *hasht* ; seule la seconde partie de la traduction a de la valeur M. F. 41.

uzâiti voir **i** + **us**.

uzushtana adj. pl. fém. acc. **uzushtanâo** *uzûshtân khvâstak* « propriétés inanimées » T. 123.

uzgeresnâvayô voir **uzgeresnô-vaghdhanô**.

uzgeresnô-vaghdhana adj. sg. mscl. nom. **uzgeresnâvayô** (lire **uzgeresnô - vaghdhanô**) *girt vaghtân* « qui a la tête ronde » N. 94.

uzdaṅhu adj. sg. neutre acc. **uzdaṅuhuciṭ** *pun ûzdânûkîh* « hors du pays » N. 9.

uzyazdâna *sapal ? va myânî vînîk* « la cloison osseuse du nez » M. F. 8.

uzyô voir **vaz**.

uzrâti adj. sg. mscl. nom. **uzrâtish** *lâlâ nikîrâi* « qui vole, qui corrompt » T. 116.

una adj. *andak* « petit » M. F. 23 ; acc. **unem** *kam* M. F. 24.

una fém. sg. acc. **unãm** *sûrâk* « trou » N. 100. (Cf. *Vendidad*, Fargard XVII, § 2; 5).

upa adverbe et prefixe verbal « à, auprès, sur, de » T. 72, 1° adv. T. 71, 110 ; N. 58 ; *min* N. 79 ; *madam* N. 79 ; 2° préfixe verbal N. 17, 20, 52, 101, 103, 109 ; (voir **upa sraotar**, **upa bereti**, **upadâta**).

upairi adverbe *madam min* « au-dessus de » T. 78.

upa janâoṅha voir **jas**.

upabereti fém. sg. dat. **upaberetayaêca** *pun madam yadrûnishnîh* « action de porter au-dessus » N. 45.

upamraodi fém. pl. acc. **upamraodésca** *rûspîgân* « la débauche » N. 53.

upara adj. « supérieur » sg. mscl. nom. **uparô** *azpâr* M. F. 9 ; neutre abl. **uparâṭ** *min apartar* « sur » T. 38 ; N. 93.

uparasmana adj. forme de part. moyen au datif **uparasmanâi** *madam nîhânci ?* N. 92.

upariharesliti fém. sg. dat. **upariharesilitéê** *pun madam shadkûnishn* « filtrage » N. 108.

upasraotar mascl. « celui qui accompagne, assistant, acolyte » pl. nom. **upasraotârô** *madam srôtâr* N. 38, 39 ; gén. (passé aux thêmes en **a**) **upasraotaranãm** *madam srôtârân* N. 21.

upahaushtuayâo voir le suivant.

upahushtuti fém. pl. nom. **upahushtutayâo** « louange », traduit *stâyind* (litt. ils louent) T. 61.

upema adj. sg. neut. acc. **upema** (lire **upemem**?) *apartûm* « au plus » N. 90.
upô voir **is** + **upa** N. 53.
upôi saiti lire **upôisaiti** et voir **is** + **upa.**
umemciṭ lire **oyumciṭ** et voir **aêva.**
uru? N. 91.
urua fém. sg. nom. **urua** *rûî* « face, figure » M. F. 7.
urutha mscl. sg. abl. **uruthaṭ** *dirakht* « arbre » M. F. 24.
urud-dâ actif causal? ind. prés. sg. 3 **urudhidhiêiti** traduit *ârêt* « il fait croître » M. F. 24 (cf. **rudh**).
urusni gén. **urusnôish** (?) D. 7.
urusvaishti voir **pairi.**
urvaêdas trad. *ârôg* « ordure » (acc. pl. d'un thême en **a** ?) M. F. 23.
urvaêsa fém. sg. nom. (?) **urvaêsa** *vartishn* « action de tourner » M. F. 23.
urvata neutre sg. nom. ou acc. **urvatem** *rôtîk* « entrailles » M. F. 10.
urvan mscl. traduit en pehlvi *ravān* (écrit *rūbān*) « âme » sg. nom. **urva** T. 18, 79; instr. **urva** N. 84; dat. **urunê** T. 82, 101; D. 3; **urunaêca** F. Farh. 4; **urvãni** (lire **urunê** ou à l'acc. **urvãnem**) D. 3; acc. **urvãnem** T. 44, 71, 74; **urvãni** (lire **urvãnem**?) D. 3; gén. **urunô** N. 84; pl. acc. **urunasca** T. 80.
urvara fém. traduit *urvâr* « plante, arbre » sg. acc. **urvarãm** N. 98; gén. **urvarayâo** N. 90, 100; pl. acc. **urvaraô** N. 101; **urvara** (lire **urvarâo**) N. 90.
urvâza mscl. ou neutre « joie » sg. inst. **vârâza** traduit *urvakhmînêt*, litt. « il réjouit » **hava urva vârâza** *zay-î nafshâ ravân urvakhmînêt* « il réjouit sa propre âme » N. 84.
urvâsman neutre sg. acc. **urvâsma** *urvâkhmanîh* « plaisir, action de réjouir » T. 82.
urviṭ verbe act. causal. ind. prés. sg. 3 **urviṭyêiti** *(an)êrakhtât* « il est coupable » T. 119.

urvis verbe; litt. « tourner » act. pot. sg. 3 **urvaêsayâṭ** *barâ vartêt min* « il se séparera » T. 35.

uva voir **dva**.

us adj. sg. nom. **us** *khûrsand* « content, satisfait » M. F. 23 (Cf. **vas** et le suivant).

usañṭ adj. sg. fém. nom **usaiti** « consentement » traduit *khôrsandîhâ* « avec consentement » N. 6 (Cf. **us** et **vas**).

usca adverbe *pun lâlâîh* « en haut » N. 67.

usyañṭ, usya adj. sg. mscl. nom. **usyô** « qui veut bien, qui consent » traduit étymologiquement *lâlâ yakhsanûnishnîh* T. 121 (cf. **us** et voir **vas**).

usyãstaca adj. mscl. sg. nom. **usyãstacô** traduit en pazend *ké pa valî val vazêt (ka pa thihi asmã añdar shahôd)* et en sanscrit ûrdhvâdûrdhvacârinas « qui va, qui marche dans les hauteurs » Aog. 60 (cf. **usca**).

ush nom. sg. **ush** *hôsh* « intelligence » M. F. 23.

ushadha fém. sg. acc. **ushadhãm** *pôsht-î-tîz* « épine dorsale ? » M. F. 10.

usha sura fém. « aurore » sg. scc. **ushãmsurãm** *ôsh î afzar karîtûnêt man hôshahîn patash dar yâtûnêl bahâr î cahârûm (î lêlyâ)* « on l'appelle *osh-î afzâr* » l'aurore victorieuse, c'est avec elle que commence (le Gâh) Ushahîn. C'est la quatrième partie de la nuit » M. F. 42.

ushahina adj. « qui est relatif à **Ushahina** » pl. fém. gén. **ushahinanâm** *i ûshahîn* N. 46.

ushi fém. « oreille » duel abl. **ushibyâ** *pun zagî nafshâ osh* « par ses propres oreilles » N. 26, 27 ; pl. abl. **ushibyô** *pûn zakî nafshâ ôsh* « par ses oreilles » N. 26.

ushtatâṭ neutre sg. acc. **ushtatâs** *zîvandag* « bonheur (?) » T. 84 ; acc. **ushtatâtem** F. Farh. 54.

ushtanavañṭ adj. pl. fém. acc. **ushtanavaitîsh** *ûshtânmand (kvâstak)* « propriétés vivantes, animées » T. 128.

ushtabereiti fém. sg. acc. **ushtabereitîmca** « offrande de plaisir » T. 88.

ushtavañţ adj. sg. fém. acc. **ushtavaitîm haîtîm** *ustôpat hât* « le Hâ **Ushtavaitî** » N. 46 ; gén. **ushtavaityâo** *âûshtokvat, âûshtpat* ; **ushtavaîtayâo** « la Gâthâ Ushtavaiti » N. 46.

Ushtâ ahmâi, formule de prière à réciter deux fois ou Bishâmrûta. (Commencement d'une Gâtha, *Yasna*, Hâ XLIII § 1, N. 34 ; *Vendidad*, Fargard x, § 4.

ushtâna mscl. sg. nom. **ushtânaca** (lire **ushtânasca** *jân* « l'âme » T. 35.

ushtra mascl. sg. gén. **ushtrahê** *gamlâ* « chameau » T. 40.

ûkhti fém. sg. instr. **mûkhti** (lire **ûkhti**) *gavishnân* . « parole » T. 46.

E

ere-nâ.

paiti act. fut. sg. 3 **paiti erenâishti** *âpârînêt* « il ruinera » T. 91. (Dans cette forme **ere-nâ**, la caractéristique est soudée au verbe ; voir J. Darmesteter *Zend-Avesta*, Tome III, n. 4).

ereghanţ adj. sg. neutre nom. **ereghaţ** *darvand* « mauvais » T. 93.

erezaurvaêsaţ adj. au neutre employé substantivement, traduit *bahâr î datîgar (î lêlîâ) avîzagân vartishnîh kârîtûnand danâ* [2] *bahâr* « C'est la deuxième partie de la nuit, on appelle cette partie de la nuit, la mort des purs ». La traduction *avêzakân vartishnîh* est basée sur une fausse étymologie, elle provient d'une décomposition en **ereza**, ou le traducteur a vu l'équivalent de *avêzakân*, et **urvaêsaţ**, rattaché à la racine **urvis**, qui a été traduit *vartishnîh*. M. F. 42.

erezi *gond* « testicule » M. F. 11.

erezu mascl. duel abl. **erezubya, dvaêibya erezubya** *pun 2 angûsht* « avec deux doigts » N. 65.

eredhaya neutre sg. acc. **eredhaêm** *dil* « cœur » M. F. 10. (voir **zaredhaya**).

evisaêushva forme de locatif pluriel ; la phrase **yem dim vaênâţ evisaêushva vañdânem** est traduite *zaki mizd vandishn khavîtûnêt aîgh jût min mizd râi câsht* (?) N. 16.

evîsemnô voir **avisemna** et **vis**.

O, Ô

ôithra adverbe *jûtâkîhâ lvatâ* « séparément » M. F. 3.

ôim, **ôyum**, **ôyem**, **oyãm**, voir **aêva**.

Ã

ãsava mscl. pl. nom. **ãsavô** (lire **ãsava**) *tak* « tige » N. 108.

ãsta neutre sg. acc. **ãstem,** traduit en pazend *anhastî* et en sanscrit nâstikatvâm « néant, non existence ». (Dans les Gâthâs, **ãstô** signifie « destruction », sanscrit nâstikya) Aog. 48.

ãsta fém. *anîtîh* « incrédulité » sg. nom. **ãstâ** N. 41; inst. **âsta** N. 41.

K

ka, pronom interrogatif traduit en pehlvi *man*, *katâr* « qui ? » sg. mscl. nom. **kô** *man* N. 13 ; *katâr* N. 41 ; acc. **kem** *katār* N. 12 ; F. Farh 47 ; fém. nom. **kâ** *katâr* (corrigé de **katâro**, lire **kâ târô**) N. 41 ; neutre nom. acc. **kaţ** « est ce que, quoi » *katâr* T. 53 ; *cigûn* N. 6, 18, 24, 108 ; abl. **kahmâţ** *min aîgh... barâ* « à partir de quand ..? » N. 47, 48, 49, 50, 51, 61, 62 ; pl. gén. **kañham** *katār* N. 37.

kairi fém. sg. acc. **kairim** *kâr* « fonction » N. 72.

kaciṭ pronom indéterminé *katârcaî* « quiconque, n'importe qui » sg. mscl. nom. **kasciṭ** N. 63; *kulâ* F. Farh. 64; acc. **kemciṭ** T. 14; N. 105; fém. nom. **kâciṭ** N. 109; **kayâciṭ** (en fonct. de nom. sg. fém) N. 40; neutre **katciṭ** *dar katârcâi* N. 100; pl. mscl. nom. **kahyâciṭ** T. 98.

katâra pronom interrogatif « lequel des deux ? » sg. mscl. nom. **katârô** *katâr* N. 5; *katâr* (lire **katârô**) *katârcaî* N. 5; **katârô** (dans **katârô maiti,** lire **ka tarômaiti** et voir **tarômaiti**); acc. **katârem** N. 3; duel **ktarâciṭ** (lire **katarâciṭ**) *katârcâî* N. 23.

katha adverbe *min aîgh* « comment? » N. 33.

kama pronom interrogatif « qui ? » sg. mscl. nom. **knmô** (l. **kemô**) *man* « quel est celui qui ? » N. 1. [Comparer l'afghan *kôm*, (J. Darmesteter *Chants populaires des Afghans*, p. xxxiv, et *Zend-Avesta*, Tome III, page 78, note 1) et le pehlvi *(cî)-kâm-(câî)*, qui supposent un thème **kâma**].

kayadha mscl. sg. acc. **kayadhem** *kostârîh* (lire *kâstârîh*)? T. 19.

kar

fra actif causal. ind. présent. sg. 3 **frakârayêiti** *frâj zarîtûnêt* « il ensemence » N. 101 (cf. **frâkereiti**).

karasha mascl. sg. nom. **karashô** *kîshvar* « zône, l'une des sept parties de la terre » M. F. 18.

karetésca voir **kereti**.

karena neutre pl. nom. **karena** *kâr* « œuvres » T. 101.

karesh pot. sg. 3 **karshôiṭ** *rîkht havâd* « il jeterait » N. 48.

karshti fém. sg. dat. **karshtée** *kîsht* « champ de blé » M. F. 18.

karshva adj. pl. fém. nom. acc. **karshvâo** *kêshînjâr* « labourable » F. Farh. 52.

kavaciṭ voir **kvaciṭ** « en n'importe quel endroit » *cîkâmcâi* F. Farh. 63.

kas adj. au comparatif pl. nom. **kasyaṅho** « les plus petits » F. Farh. 10.

kash.

paiti act. caus. imp. subj. sg. 3 **paiti kâshayâṭ** *vakhdûnînêt* « elle tire » T. 79. (Cf. le pehlvi *kashîtan* et le persan *kashîdan*).

kasha adj. pl. neutre acc. **kashâo** *kart* « travaillé » F. Farh. 48. (**kasha** dérive de l'iranien **karta**, comme **mashya** dé l'iranien **martiya**).

kasha mscl. « aisselle » duel abl. **kashaêibya** N. 85.; **kashaibya** *kash* M. F. 10.

kâ lire **nâ** et voir **nar**.

kâciṭ gaona adj. traduit en sanscrit kiyascit varnânâm « de toute autre espèce » pl. gén. **kâciṭ gaonanãm** Aog. 17.

ki pronom interrogatif *katâr* « lequel » pl. nom. **kaya** N. 35, 36 ; D. 6 ; **kãhya** (lire **kaya**) N. 54 ; neutre **kayâ** N. 34.

kereta adj. pl. neutre nom. **kereta** *kârînishn* « qui met en pièces » T. 33 ; dat. **keretaêibyô** (cf. **yasnô-keretaêibyô**). (Ce mot est le participe passif de **karet** « couper) ».

kereti fém. « vêtements en lambeaux, loques, haillons », pl. acc. **keretîshca** *kârînîtak* N. 91 ; **karetésca** (lire **keretîshca**) *kartîn* N. 87 (de la racine **karet** « couper »).

kerepem voir **kehrpa**.

keresa fém. sg. acc. **keresãm** *kilâsyâîk* (lire *kilâsyâk*) « brigandage, volerie » N. 26 ; pl. acc. **keresãsca** N. 53.

keresha fém. pl. acc. **kereshâo** *kêsh* « sillon » N. 101.

kehrpa mascl. et neutre « corps » sg. acc. **kerepem** *karp*, *bisryâ* M. F. 11 ; instr. **kehrpa** *tan* T. 65 ; *karp* N. 59 ; gén. **kehrpayâo** *karp* N. 59 ; **kehrpahê** *kûm* (lire *karp*) N. 106.

ké voir **hâthra** et **bish**.

ktarâciṭ voir **katâra**.
knmo voir **kama**.
kya voir **ki** D. 6.
kva adverbe « où ? » *aîgh* N. 85 ; D. 6; **kvaê** (lire **kvâ**) *aîgh* N. 103 (voir **kvaciṭ, kvatâciṭ**).
kvaê voir **kva**.
kvaciṭ adverbe 1° *kûn hamcâi* « en n'importe quel endroit » N. 70. 2° *kûtak ci* « si peu que ce soit » N. 108. (Cf. **kavacîṭ, kvatâciṭ**).
kvaṭ? N. 103.
kvatâciṭ adverbe *kûtak ci* « si peu que ce soit » N. 87, 108. (Cf. **kvaciṭ**).

H V

hva pronom réfléchi de la troisième personne, s'employant également comme son correspondant sanscrit sva, pour les deux premières « son, son propre » ; sans flexion **hva** traduit *a-h-nv* (?) N. 10; duel mscl. abl. **hvaêibya** *pun zagī nafshâ* N. 26 ; pl. mscl. abl. **hvaêibyô** *zagî nafshâ* N. 26; instr. (?) **hvâish** D. 7; fém. loc. **hvâhva** *dar zag-î nafshâ* T. 107; forme douteuse **hvâvôish** *zag î nafshâ* N. 55; **hvãm** *benafshâ* T. 48. [Cette dernière forme ne peut être pour le sens l'accusatif féminin singulier de **hva**, elle semble se rapporter à la fois à **ahmi** et à **khshâthrê** (voir **hava**)].
hvaina mscl. sg. loc. **hvainê** trad. *khûn* (lire *khân*) « source » N. 26. (Voir J. Darmesteter, *Zend-Avesta*, Tome III, p. 96, note 1).
hvaêtu adj. pl. nom. acc. **aêtavô** trad. *zak-î khvīshān* (lire **hvaêtavô**) « ses propres » N. 21 (dérivé de **hva**).
hvaêdha mscl. neutre sg. nom. acc. **hvaêdhem** *khôîh* « sueur » M. F. 11. (Cf. persan *khôî*),
hvacaṅh adj. sg. mscl. abl. **hvacaṅhaṭ** *hūgavishn* « qui a, qui dit de bonnes paroles » T. 67. (**hu+vacaṅh**).

hvafna neutre sg. instr. **hafvna** (lire **hvafna**) « par suite du sommeil » N. 15.

hvab-dâ verbe.

ava act. prés. ind. sg. 3 **apaṅhabdeñti** *barâ khûftînd* « ils dorment, ils rêvent » N. 52 ; moy. part. prés. sg. mscl. nom. **avaṅhabdemnô** « rêvant, dormant » trad. *barâ khûftînd* « ils dorment » N. 51.

hvar verbe « manger, boire » act. ind. prés. sg. **hvaraiti** *vashtamûnît* N. 30 ; part. prés. mscl. sg. nom. **hvarô** N. 32.

hvara mscl. péché du **hvara** ; sg. acc. **hvarem** ; abl. **hvarôiṭ** (lire **hvarâṭ**) N. 45 ; instr. **hvaraya** (forme de féminin) N. 42 ; acc. **hvarem** N. 45 (voir **hvarô**).

hvare neutre sg. nom. **hvare** *khûrshît* « le soleil » F. Farh. 12.

hvareñta lire **careñta** et voir **car**.

hvareti fem. sg. abl. **hvaretôiṭ** *khôrishnîh* « action de manger » N. 29 (de la racine **hvar**).

hvaretha neutre pl. acc. **hvaretha** *khôrishn* « nourriture » N. 55, 64 (voir **hamô hvareta** ; de la racine **hvar**).

hvarethema neutre pl. acc. **hvarethema** *apishmak* « gorgée ». (Le mot *apishmak* est dans le *Vendidad*, la traduction habituelle du mot zend **shâma**).

hvarenaṅh neutre sg. nom. **hvarenô** *khôrishn* « nourriture » N. 30 (de la racine **hvar**).

hvarema neutre. pl. acc. **hvarema** *apishmak* « gorgée » (voir **hvarethema**, dont **hvarema** n'est peut être qu'une corruption) N. 67.

hvareshta neutre « bonne action, bonne œuvre » acc. **hvareshta** *hûvarsht* T. 46 ; loc. **hvareshtaêshuca** *u hûvarsht ci* N. 84 (**hu** + **vareshta**).

hvarô forme que prend le mot **hvara** en composition (voir **hvarô cithâ**).

hvarô citha adj. pl. mscl. gén. **hvarô-cithanãm** *khôr tôjishnîkîhâ* « qui paye le **hvara**, qui subit la peine fixée pour l'expiation du **hvara** » F. Farh 1 b.

hvasura mscl. sg. nom. **hvasurô** transcrit *khûsrâh* « beau-père » et glosé *amat gabrâ-î raî shôî bartâ-i benafshâ obdûnand* « quand on donne sa fille en mariage à un homme » M. F. 5.

hvâthra neutre, sans flexion, dans la fonction d'acc. ou de nom. **hvâthra** *khvârîh* « bonheur » T. 83.

hvâzâta adj. sg. mscl. nom. **hvâzâtô** « qui est né de lui-même » N. 40.

hvâdaêna adj. pl. fém. nom. (**añtare**) **hvâdaônâo** *khvêshdînân* « de coreligionnaire » T. 77 (**hva+daêna**).

hvâsta adj. pl. mscl. inst. **hvâstâish, hvâstâishca** *pûkht* « cuit » N. 57.

hvista mscl. sg. nom. **hvistô** *hôm hûnîtâr* « celui qui prépare le **Haoma** » N. 108.

hvôishta adj. superlatif sg. mscl. nom. **hvôishtô** *mas* « le plus grand » N. 1.

hvãm voir **hva**.

hvta sañha mscl. sg. acc. **hvtemciṭ sañhem** *dartûm sakhûn cîgûn razâh* « paroles obscures, mystérieuses » M. F. 8.

K H

khûkhti lire et voir **hûkhti**.

khratu mscl. traduit *khirat* « intelligence, esprit » sg. abl. **khrataoṭ** T. 55; instr. **khrâthwa** T. 35 ; acc. **khratum** N. 11, 84 ; **khratumca** N. 52.

khratush voir **thratush**.

khrasya adj. sg. mscl. nom. **khrasyô** (lire **khrusyô**) nom d'un péché ainsi expliqué en pehlvi *zak yahvûnêt amat kâlâ min akhar obdûnand* « cela a lieu quand on crie derrière quelqu'un » M. F. 39.

khruzhda-vac adj. **khruzhda-vacâo** *khrôshd gavishn* « qui a des paroles mauvaises » M. F. 8.

khre « âne ? » (cf. le zend et sanscrit **khara**, persan *khâr*) N. 91.

khshathra neutre sg. acc. **khshâthremcâ** nom de l'Amschaspand **Khshâthra vairya** T. 70; loc. **khshathrê** *khûtâîh* « royaume » T. 48.

khshaudrâ neutre sg. acc. **khshaudrem, khshadrem** (l. **khshaudrem**) *shûshr* « vin, liqueur » N. 64 (voir **khshâudra**).

khshadrem voir **khshâudra**.

khshap, **khshapan** fém. *laîlyâ* « nuit » sg. abl. **khshapaṭ** N. 46, 50; dat **khshapê** N. 51; pl. acc. **khshafnô** N. 4.

khsapara mscl. sg. acc. **khshaparem** « nuit » (voir **thrikhshaparem**) N. 47.

khshafa fém. sans flexion **khshafa** *laîlyâ*, *min laîiyâ 4 bahâr : bahâr-i fartûm* **hufrashmôdaitim** *hûfrashmôdât karîtûnd; bahâr-î datîgar* **erezaurvaêsâṭ** *avêzakân vartishnîh karîtûnd. Danâ* [2] *bahar.* **Aiwsiruthrem** *bahâr-î satîgar;* **Ushâm surâm** *hosh-î âfzâr karîtûnêt min Ushâhîn palash dar yatûnît, bahâr-î câharûm*, ce qui signifie : « la nuit; il y a quatre parties de la nuit : la première **hufrashmôdâimti**, on l'appelle (en pehlvi) *hûfrashmôdât*; la deuxième est **erezaurvaêsâṭ** qu'on appelle (en pehlvi) *avêzakân vartishnîh* : cela fait deux parties. **Aiwisruthrem** est la troisième partie; **Ushâm surâm** qu'on nomme (en pehlvi) *hôsh-i âfzâr*; c'est dans cette partie que commence le *gâh* **ushahin** c'est la quatrième partie» M. F. 41.

khsayaṭ - vac mscl. sg. nom. **khshayaṭ vâkhsh** *gavishn-î pâtakhshâh* « parole souveraine, parole de roi » M. F. 8.

khshayamna adj. sans flexion traduit *kâmak khûtâî* « qui est souverain suivant son désir » F. Farh. 3. (Part. présent moyen de **khshi** « être souverain »).

khshavash nom de nombre « six » T. 2. (Cf. **khshvash**).

khshâudra neutre traduit *shûshr* « vin, liqueur » sg. acc. **khshadrem** (lire **khshâudrem**) N. 64; **khshau-**

drem N. 66; **khshâurunem** (lire **khshâudrem**) N. 64. (Cf. **khshudra, khsaudra**).

khshâudri fém. pl. gén. **khshâudrinãm** *shûshr* « vin, liqueur » N. 67. (Cf. **khshâudra, khshudra**).

khshâurunem voir **khshâudra** N. 64.

khshi verbe « être souverain »; moyen part. prés. **khshayamna** (voir ce mot).

khshi fém. sg. acc. **khshîm** *shîn* « lamentation, vocero » M. F. 19.

khshuidha sans flexion, traduit *shîrînîh* « douceur » M. F. 18.

khshudra neutre *shûshr* « vin, liqueur » sg. acc. **khshudrem** N. 64 ; **khshudrim** N. 64 ; pl. acc. **khshudraca** *shûhâr* T. 94.

khshudru neutre *shûshr* glosé *(âs)* « liqueur, vin » N. 61.

khshtâṭ voir **stâ.**

khshtva adj. numéral « le sixième » sg. mscl. nom. **khshtvô** *pûn p-r-s-n* (?) N. 102 ; acc. **khshtûm** *shashûm* N. 82, M. F. 1.

khshnaothra neutre « réjouissance, joie » sg. dat. **khshnaothraica** *shnâyînîtârîh* N. 81 ; acc. **shnâthrem** (lire **khshnaothrem**) traduit *shnâyinêt*, litt. « il se réjouit » T. 49 (de la racine **khshnu**).

khshnu verbe « réjouir « moy. causal ind. prés. sg. 3. **khshnâvayêitê** *shnâyînêt* T. 107 ; aor. sg. 3 **khshnaôshta** (lire **khshnâushta**) T. 107. (Cf. **khshnaothra, khshnûiti**).

khshnûiti fém. sg. acc. **khshnûitîmca** *shnâyînîtârîh* « plaisir » T. 89 (de la racine **khshnu**, voir **khshnaothra**).

khshvash nom de nombre « six » N. 4, 50, 67 (voir **khshavash**)

G

gaêtha fém. « le monde corporel, par opposition à **mainyava** « le monde céleste » pl. dat. **gaêthabyô** *dar* *gêhân* « dans le monde » T. 15 ; loc. **gaêthahvô** traduit en pazend *géhânā* Aog. 48.

gaêtha fém. traduit *gêhân* « bien, propriété, richesse » pl. instr. **gâthâbish** (lire **gaêthabish**) N. 4 ; dat. **gaêthabyô** N. 2 ; acc. **gaêtha** (forme passée à la déclinaison masculine) N.5; gén. **gaêthanãm** *gêhânîgân* N. 2, 6; **gathânãm** (lire **gaêthanãm**) N. 26 (voir **hadhô-gaêtha**).

gaodana masc. ou neutre, traduit *takôk* et glosé *gôsht-dân* litt. «vase à viande» N. 64 [de **gao** «viande» et **dana** (pour **dâna**) qui sert à former des noms de contenant; cf. **paiti-gaodana, hâmô-gaodana**].

gaoṇa masc. ou neutre sg. gén. **gaonahê** traduit *shôpat* « poil » N. 65. (Cf. **hugaona**, **vohu gaona**, **paourusho gaona** et **gaonavañṭ**).

gaonavañṭ adj. sg. gén. **gaonavatô** *gashtak* « qui a **gaona** (du poil) » N. 65 (**gaona** + **vañṭ**).

gaosha mascl. traduit *gôsh* « oreille » duel. nom. **gaoshaêibya** T. 59 ; pl. abl. **gaoshaêibyô** T. 59 (voir **asruṭ gaosha**).

gaôspaôñta mascl. sg. voc. **gaôspaôñta** *torâ î afzûnîk* « bœuf bienfaisant » T. 71 (lire **gaôspeñta**).

gaôhudâo adj. sg. mscl. voc. **gaôhudâo** *hûdahâk* « qui donne le bien » T. 71. (La traduction pehlvie montre que **gâo** est une faute de copie. Elle est peut être à changer en *hûdânâk* « qui sait le bien »).

gañtuma mascl. ou neutre « blé » sg. nom. **gañtumô** *gandûmîn*, litt. « fait de blé» N.28. (Cf. le persan *gandum*).

gati fém. sg. dat. **gatéê** *mat* « action d'aller » M. F. 30 (de la racine **gam**),

gadhôiti fém. pl. acc. **gadhôitish** « banditisme » N. 53. (Cf. le zend **gadha** « brigand » et l'afghan *ghal*).

gadhôtu pl. gén. **sadhôthanam** (lire **adhôthanãm**) *kalâsîhâ* « bande de brigands » N. 26. (Cf. **ghadhôiti**).

gam verbe « aller, marcher » (voir **gati**, **gama** et **nighmata**.

gaya mscl. « vie » sg. acc. **gaêm** *khadâ u Gayômart* « ce mot signifie vie (*khadâ*) et Gayomart » M. F. 31, 41 (**gaya** est en effet quelquefois l'abréviation de la forme complète **Gayô Maretan**) ; instr. **gaya** *pun khadâ* F. Farh. 21. (Cf. **gâim**).

Gaya Maretan nom du premier homme et du premier souverain de la terre, nom. **Gayêhê Marata** (lire **Gayô Marata**, traduit *Gâyômart* F. Farh. 22.

gar verbe « éveiller » act. parf. sg. 3 **jaghâra** « il a éveillé » T. 52; causal opt. sg. **gârayôish** « que tu réveilles » traduit *khvâp* (dans le manuscrit *khūp râyishnîh* ; litt. « action de faire sortir du sommeil (?)» N. 19. (Cf. **neregâ**).

fra verbe « éveiller » actif causal, ind. prés. sg, 3 **fraghrâghrâyêiti** [lire **fraghrârayeiti** (?)] traduit *olâî-frajîn frayîn*; adj. verbal sg. mscl. nom. **fraghrârayô** « celui qui réveille » traduit *(a)frajîn frayishnîh* litt. « action de réveiller » N. 19.

gar verbe.

aipi verbe « bouillir » act. part. parf. neutre pl. gén. **aipi jaghaurvatãm** « bouillant » N. 67,

garezhdha fém. sg. nom. **garezhdha** *garzishn* «plainte» M. F. 31.

garew verbe « prendre, saisir » act. imp. ind. sg. 3 **gerewnaṭ** *vakhdûnêt* M. F. 30 ; subj. imp. sg. 3 **gerebyâṭ** *lâlâ vakhdûnêt* « qu'il retire ».

api passif part. sg. fém. abl. **apigereftayâṭ** traduit *an madam barâ vakhdûnt* (lire **an-api-gereftayâṭ** « non reçu » N. 17.

avi passif part. sg. mscl. acc. **avigereftem** «pris, retiré» *pun lâlâ vakhdûnishnîh* litt. « en action de retirer » N. 67.

â parf. sg. 3 **âjaghaurva** *vakhdûnt havâ-t* « il a pris » N. 54.

pairi passif part. fém. sg. abl. **paiti gereftayâṭ** *madam barâ vakhdûnt* « reçu » N. 17.

hãn imp. subj. sg. 3 **hañgereftâṭ** « qu'il prenne » N. 65.

gava *gôh cîgûn yadâ î sarîtarân* « la main des êtres mauvais » M. F. 31.

gavana mscl. neutre sg. gén. **gavanahê,** nom d'une plante ? N. 101.

gavavaresh mscl. sg. nom. **gavavaresh** *kârvarzîtâr* « laboureur », litt. « qui travaille avec le bœuf » N. 18. (Cf. **gavâstrya** et le suivant).

gavavâstri fém. « agriculture » pl. gén. **vavâstrinâm** traduit *kârvarzishnîh yahvûnet* « il y a action de cultiver la terre » (lire **gavavâstrinãm**) M. F. 40.

gavâstrya neutre, traduit *kâr* « œuvre, action » pl. acc. **gavâstryâca** N. 52, 60 (corrigé de **gavâstrâca**); **gavâstryâ** N. 85.

gavâstryâvareza fém. *kâr varzishnîh* « agriculture » M. F. 31 (litt. travail avec le bœuf »; cf. **gavâstryâvarez** « laboureur »).

gâ verbe.

pairi act. ind. prés. pl. 3 **pairi gayañti** *barâ sâtûnd* « ils marchent, ils circulent » N. 80. (Cf. **gam**).

gaêm 1° traduit *khâyâ* « vie » voir **gaya** ; 2° *gâm zak pun Vandîdât 3 pâî u zak pun apârîk jîvâk frârâst gôft* « **gâm** : ceci est dit dans le Vendidâd : c'est une mesure de 3 pieds, dans d'autres endroits, on l'appelle *frârâst* ». Ce mot **gâem** est la transcription pazende de l'accusatif de **gaya** ; *gâm* renvoie à un mot zend **gâma**, qui avait le sens technique de mesure de trois pieds de longueur et aussi de longueur équivalente à une **frârâthni**. M. F. 41.

gâu mscl. *tôrâ* « bœuf » pl. nom **gavô**, pazend *gâo* sanscrit gâvah Aog. 84 ; pl. gén. **gavãm** F. Farh. 6.

gâu-stavaṅh adj. « qui est gros comme un bœuf » sg. nom. **gâu stavâo** traduit en pazend *gâo-jaha* et en sanscrit gaushtûlah Aog. 78.

gâo mscl. « bœuf, viande, offrande » sg. nom. **gâush**

gôspand « bœuf, bétail » T. 92; *tôrâ* N. 17; acc. **gãm** (voir **dâi dî môi yê gãm**) N. 102; instr. **gava** *dar gôsht* « dans le lait » N. 76 ; gén. **géush** « bœuf » par extension « viande en général » N. 18, 52, 53, 71 ; *bisryâ-jîv* « de lait » N. 108 ; **géushca** *basryâ-ic* N. 60.

gâosca lire **gâthâosca** et voir **gâtha**.

gâtu mscl. traduit *gâs* « endroit, lieu » sg. nom. **gâtush** N, 79, 103 ; voir **dâityô-gâtush** N. 78, 79 ; acc. **gâtumcâ** F. Farh. 156 ; **gâtum** *gâs aîgh zamān* « rendez-vous » F. Farh. 17 ; acc. faisant fonction de loc. **gâtûm** N. 81 ; abl. **gâtaoṭ** T. 39 ; loc. **gâtava** N. 81.

gâtha fém. transcrit *gâs* et *gâsân* « Gâtha, hymne » sg. acc. **gâthãm** N. 46 ; gén. **gâthayâo** N. 102 ; pl. acc. **gâthâo** N. 22, 23, 26, 27, 32, 33, 41, 42, 44, 45, 85 ; **gaêthâo** (lire **gâthâo**) N. 43, 44 ; **pâthâo** (lire **gâthâo**) *gâsân* N. 29 ; **gâosca** (lire **gâthâosca**) ; gén. **gâthanãm** N. 22, 25, 30, 37, 38, 39, 42, 43, 44, 103 ; **gâthanãmciṭ** N. 22 ; **gâthâ** (lire **gâthanãm**) N. 96; loc. **gâthâhva** N. 33.

gâthwô voir **gâthwô ishta**.

gâthwôish, dans **gâthwôish tasciṭ** lire **gâthwôihtaciṭ** et voir **gâthwô ishta**

gâthwô ishta mscl. ou neutre *gâsân khvâhishnîh* « désir des Gâthas » instr. **gâthwô-shtacaṭ** (lire **gâthwô-ishtaciṭ**) F. Farh. 57 ; M. F. 31 ; **gâthwôish-tasciṭ** (lire **gâthwôishtaciṭ**) T. 111 (**gâthwô + ishta** part. pass. dẹ **ish** « désirer »). Cette expression désigne peut être la Gâtha Vahishtôishti.

gâthwô-shtacaṭ voir **gâthwô-ishta**.

gâma voir **aêvê** N. 103.

gâma mscl. « pas, action de marcher, quantité dont on avance à chaque pas » sg. acc. **gamãn** F. Farh. 65 (peut être acc. pluriel) ; gén. (?) **gâmahya** *min gâmân* F. Farh. 70 ; pl. gén. **gâmanãm** *gâm* N. 39.

gâvaya adj. pl. instr. **gâvayayâish** N. 67 ; gén **gâvayanãmca** *i tôrâ* « de bœuf » N. 67.

gudhra adj. sans flexion, *nîhânîk* « secret » M. F. 31.

gudhrâ-saṅha mscl. pl. nom. **gudhrâ-saṅha** *nihân milyâ* « secret » litt. « paroles cachées » M. F. 28.

gush verbe « écouter » passif part. passé pl. fém. nom. acc. **gushta** (lire **gushtâo** traduit *nyôshishn* litt. « action d'écouter » M. F. 9. (**gûshta sãsnâo** est traduit *nyôshishn u amûjishn*, voir **sãsna**).

gé traduit *jêh* « femme de mauvaise vie, démonesse » (cf. **jahi**) M. F. 31.

G H

ghnaṭ, **gnâth** voir **jan.**

ca en clitique « et », traduit *u*, *u-ic*, passim.

ca pronom indéfini ; neutre **caṭca** *cîkâmcâi* « n'importe quoi » F. Farh. 63.

caiti forme dérivée de **cvañṭ** *cand* « combien » N. 65. (Cf. lat *quoti*).

cakhravañṭ adj. traduit en pazend *caharômand* et en sanscrit cakraçastradhârî « qui est armé d'un disque, d'une arme de jet » sg. fém. gén. **cakhravaityâo** Aog. 81. (**cakhra+vañṭ**, cf. sanscrit cakra, zend **cakhra**, g. κῦκλος, persan *carkh*, arabe *djarkh*).

cañti fratufrish lire (**nishish**) **tañti aratufrish** voir **stâ+ni** et **aratufri.**

catica : yêiti catica « toutes les fois que » T. 64.

caṭ ca lire **kaṭ ca** et voir **ka.**

cathrayâim, voir **cithraya.**

cathrusha abjectif employé substantivement, neutre sg. nom. **cathrushem** *cathrûshôtak* « le quart » N. 42.

cathrushâmrûta neutre *cathrushâmrût* « prière que l'on récite quatre fois de suite » pl. nom. **cathrushâmrûta** N. 33.

cathware nom de nombre « quatre » pl. mscl. acc. **cathwarô** N. 66; gén. **caturãm** N. 65; fém. acc. **catanrô** N. 102; en place de masculin N. 102.

cathware aspa mscl. « groupe de 4 chevaux » : **yukhta cathware aspahê** *ayôjishnîh 4 sûsyâ bêshîjak* « attelé de 4 chevaux » F. Farh. 28.

cayãn lire **cayãm** de **ci**.

car verbe « aller » moyen imp. ind. pl. 3 **careñtâ** *barâ sâtûnand* N. 52.

fra act. ind. prés. pl. 3 **fracareñti** *barâ sâtûnd* « ils vont, ils se comportent » N. 53; act. part. prés. pl. mscl. nom. **fracarâtô** « s'avançant » *pun frâj ravishnîh* (litt. « en action de s'avancer ») N. 103.

vi act. causal. imp. ind. duel 3 **vîcarayatem** *barâ sâtûnand* « ils vont » N. 70.

caretu adj. comparatif sg. mscl. nom. **caretutarô** *kartârtûm* « celui qui fait le plus, le plus actif » M. F. 29 (racine **car**).

careman neutre *carm* « cuir, peau tannée » sg. acc. **caremânca** N. 95; pl. gén. **caremanãmca** N. 58.

cavaiti lire **cvaiti** et voir **cvañṭ**.

cash verbe « enseigner » act. ind. prés. sg. 3 (forme de subjonctif) **cashâiti** *âi câshet* N. 17; moy. ind. prés. sg. 3 **cashtê** *câshêt* N. 17. (Cf. le zend **cish,** le pehlvi *cāshītan*, le parsi-persan *cāshīdan* « enseigner, apprendre »).

cashman neutre «œil » sg. gén. **cashmanâo** T. 71.

cahmi « ? » D. 3.

câra fém. sg. acc. **carãm** *cârak* « moyen, expédient » M. F. 29.

ci pronom sg. mscl. nom. **cish** « quelqu'un » T. 18; « qui ? » T. 68; *mâ* « qui » N. 72; pl. gén. **cayãn** (lire **cayãm**) *olâshân* (*î brâtârân apârîgân*) « de n'importe qui (de ceux-ci, de ses frères, ou des autres) » N. 1.

ci verbe conjugué avec la caractéristique - *na*; act. ind. prés. sg. 1 **cinaiêmi** *karîtûnam* « j'appelle ».

ci verbe « payer, expier » act. ind. prés. duel. 3, **cikayatô** *tôjishn amat 2 râî yamallûnet* « expiation, quand on parle de deux » M. F. 3 ; opt. pl. 3 **cikaên** M. F. 3 ; ainsi glosé : *tôjishn amat 2 râî yamallûnêt* **cikayatô,** *tôjînand* ; *amat 3 râî yamallûnêt* **cikaên**. *Zand hamgûnak tojînand cîgûn zaki 2 râî u 3 râî* ; *ash apastâk jûtar mâ madam 2* ; **cikayatô**, *u madam 3* **cikaên;** *amat azîr-î kabad ham* **cikaên** *yahvûnêt ham cîgunzak 3:* (La racine de **cikaên** signifie « expiation ») ; quand l'on parle de deux on dit ; **cikayatô** *tôjînand* ; quand on parle de trois : **cikaên**. Le Zand (traduction pehlvie) est de même *tôjinand*, qu'il y ait deux personnes ou trois (ce qui revient à dire que le pehlvi n'a pas de forme pour le duel) ; mais l'Avesta distingue entre le cas où l'on parle de deux personnes : **cikayatô**, et celui où l'on parle de trois : **cikaên**. Quand le nombre (des personnes) est supérieur (à 3) on dit de même **cikaên**. C'est alors la même chose que le mot employé pour trois » M. F. 3 ; imp. ind. sg. 3 **cikayaṭ** *tôjêt* M. F. 3. **jayat** (lire **cikayaṭ**) *tojînêt* T. 188 ; part prés. pl. nom. **cikayatô** « ceux qui expient » traduit *tôjînd* litt. « ils expient » F. Farh. 1, 8.

fra : **fra cici** ? est traduit *frâjtar-tôjishn* « action de faire plus expiation, une expiation plus avancée » T. 89.

ciãkadhavañṭ adj. mscl. ou neutre sg. gén. **ciãkadhavatô** *arishn cand* « qui a la longeur d'un avantbras, d'une archine » M. F. 10.

ciṭ particule enclitique ;arduite*ic* « et » T. 48, 65 ; *at-ci* « si-même » T. 116 ; M. F. 2.

ciṭ verbe « connaître » act. ind. prés. pl, 3 **caêteñti** ils connaissent ». traduit *padtâkîh* (litt. évidence) » M. F. 29

citha fém. traduit *tôjishn* « expiation » sg. dat. **cithiâi** (lire **cithayâi**) T. 8 ; **cithayaêca** (lire **cithayâica**) (forme amenée par l'analogie de **upaberetayaê** N. 45.

cithiâi voir **citha**.

cithra neutre sg. nom. ou acc. **cithrem** « bien » D. 1.
cithra mscl. sg. loc. **cithrê** « visibilité » traduit *padtâk* « visible » T. 108.
cithraya fém. acc. **cathrâyâîm** (lire **cithrayãm**) « manifestation » D. 5. (Cf. **cithra**).
cithrushva adjectif numéral traduit *casrûshôtak* « le quart d'une chose » M. F. 1 (de **cathwâre**).
cina pronom indéfini enclitique employé pour généraliser « un quelconque », sans flexion **cina** T. 39 ; sg. acc. **cinem** *cî* N. 14.
cinman neutre sg. nom. **cinma** *dôshârm* « amour » T. 98 ; pl. nom. acc. **cinmanô** M. F, 29.
cirya adj. traduit en pazend *thagî* et en sanscrit atulaparâkramâh « vaillant » sg. mscl. nom. **ciryô** Aog. 84.
cisti fém. sg. nom. **cistish** « intelligence » traduit *farjanâk* « intelligent, savant » M. F. 29.
cish voir **ci** et **hathra** N. 100, 101. (Cf. **afracîcîsh**).
cish verbe « enseigner » act. aor. sg. 3 **côishta** *câsht* « il a enseigné » T. 48 (cf. **cash**) ; moy. ind. prés. sg. 3, **cishtê** *câshêt* T. 3.
aiwi part. moyen. sg. dat. **aiwi-cishânâica** (lire **cishemnâi**) *câshitâr* « celui qui enseigne » **aiwicahaiti cishânâica** « celui qui enseigne la vérité » N. 84 ; moy. part. parf. sg. mscl. **aiwicicishmnâi** *pun cî madam câyishnih* (lire *câshishnîh*) N. 63. (Cf. **cash**).
côiṭ lire **nôiṭ** N. 84.
coishta voir **cish**.
cyâo vaitisha voir **cyâovañṭ**.
cyâovañṭ pronom interrogatif traduit *mâ âyûînak* « de quelle nature, de quelle façon » pl. mscl. nom. **cyâvañtô** N. 108 ; fém. nom. **cyâovaitisha** (lire **cyâovaitish**) « de quelles sortes » N. 90. (Dérivé de **ci**).
cvañṭ pronom « combien, combien de » généralement traduit *cand* ou *candîn*, sg. nom. **cvaiti** *zand* (lire *cand*,

N. 17, 19; F. Farh. 64; sg. nom. acc. acc. **cvaṭ** N. 4) 9, 27, 66, 67, 85, 90, 106, 109; *cand palmân* « combien » N. 11; *cîgun* N. 31, 65; duel mscl. cas oblique **cvaṭbya** N. 108; pl. neutre abl. **cvaṭbish** N. 8.

J

jaitish voir **baodhô-jaitish**.

jau forme de mot pazend introduite à tort en zend (peut être à lire *jân* ?); nom d'une partie de l'âme; la traduction pehlvie est incompréhensible M. F. 37.

jakhshavâo *yâmtûnishn* « action de venir » M. F. 27.

jatañhat lire **jata añhaṭ** traduit *yâmtûnishn* « action de venir » M. F. 27.

jan verbe « frapper, tuer » act. ind. prés. sg. 3 **jaiñti** *janêt* « il frappe » N. 45; imp. ind. sg. 3 **ghnaṭ**; imp. subj. sg. 3 **ghnâṭ** *zanât* M. F. 31.

jafra adj. traduit *zûfr* en pazend et en sanscrit atigambîra « profond » sg. fém. nom. **jafra** Aog. 77.

jar verbe « prendre » act. pot. sg. 2 **jaraôish** (lire **jarôish**) *vashtamûnê* « (mange), prends » T. 60. (Cf. **jaretar**).

jaretar mscl. sg. nom. **jareta** « celui qui prend », traduit *vakhdûnish*, litt. « action de prendre » M. F. 27.

jas verbe « aller » part. prés. sg. mscl. acc. **jaseñtem** *amat yâmatûnêt* litt. « quand il vient » T. 107.

upa : **upajanâoṅha** est trad. *madam yâmatûnishnîh râi* « pour arriver » N. 17.

us act. ind. prés. sg. 3 **usjasaiti** « elle vient » N. 68.

paiti act. ind. prés. pl. 3 **pai... aseñti**, lire **paiti jaseñti** N. 71; pot. sg. 3 **paiti janhôiṭ** *madam âi yâmatûnêt* « qu'il saute » N. 81; subj. imp. sg. 3 **paiti jasâṭ** *barâ yâmatûnêt* « il viendra T. 45, 47.

paiti-â act. subj. imp. sg. 3 **paiti-â-jâsâṭ** *lakhvâr râsât* « il viendrait » N. 82.

fra act. ind. prés. sg. 3 **frajasaiti** *frâj yâmtûnêt* « il vient en avant, il a lieu » N. 46, 47, 48, 49, 50, 51, 104. **hãn** act. ind. prés. sg. 3 **hãnjasaiti** « il arrive » N. 43; ind. prés. moy. pl. 3 **hañjasañtê** *ol hamyâmatûnd* « ils viennent » N. 62; imp. ind. pl. 3 **hãnjasañta** *ham yâmtûnêt* N. 42. (La traduction pehlvie rend ici le pluriel du zend par un singulier).

jayaṭ voir **cayaṭ**.

jahi fém. traduit *nisââ amat salyâ* « la femme quand elle est mauvaise » sg. nom. **jâhi** M. F. 5; formes diverses dont quelques-unes sont pazendes et sônt données à tort comme zendes, **jaê**, **jé** M. F. 25; **jaêsh** transcrit *jêh* M. F. 27.

jahika fém. « femme de mauvaise vie, prostituée » sg. gén. **jahikayâo** traduit *jêh* T. 9. (Cf. **jahi**).

Jâmâspa, nom propre sg. nom. **Jâmâspô** *Jâmâsp* N. 89; gén. **Jâmâspânahê** (lire **Jâmâspahê**) D. 7.

jâmâspânahê voir **Jâmâspa**.

ji verbe act. subj. prés. sg. 3 **jinâiti** *afsahîhêt* « il détruit » M. F. 27.

jim « venir » act. imp. subj. sg. 3 **jimâṭ** *mat* M. F. 27. (Cf. **gam**).

ju verbe « vivre »; act. ind. prés. sg. 3 **javaiti** *jivêt* F. Farh. 21. (Peut être à lire **jivaiti**, de la racine **jîv**; voir **jiv**).

jum forme d'accusatif irrégulier de **jiva** traduit *zîvandak* « vivant » M. F. 27. (Cf. la racine **jîv**).

juya adj. traduit en pazend *ziñda* et en sanscrit jivañt « vivant » sg. fém. nom. irrégulier **juyê** Aog. 35 (de **ju** « vivre ». Cf. les formes précédentes).

Z

zaêna voir **haêna**.

zaêmana adj. sg. mscl. nom. **zaêmanô** *zîvandak* « vivant » F. Farh. 34.

zaêsha adj. sg. mscl. nom. **zaêshô** *zîoht* « lait, horrible » M. F. 30.

zaotar mscl. nom d'un prêtre dans le sacrifice mazdéen, traduit *zôt* « le Zaotar » sg. nom **zaota** N. 20, 21, 38, 39, 70, 71, 80, 81; **zaodha** (lire **zaota**) N. 21; **zaotha** (lire **zaota**) N. 33, 72; gén. **zaotarô** N. 21; **zaothrasca** N. 73; **zaotarsh** N. 72, 81; **zaotara** N. 78.

zaotha voir **zaotar**.

zaothra neutre sg. nom. acc. **zaothrem** *zôtîh* « qualité de Zaotar » N. 81. (Peut être à lire **zaothrãm** acc. du suivant).

zaothra fém. traduit *zôhr* ou *zôhrak* « l'eau sainte » sg. abl. **zaothrâṭ** (en fonction d'acc. pl.) N. 65; acc. **zaothrãm** N. 64; *âp-zôhr* N. 48; pl. nom, **zaothrê** (**żaothrâo**) N. 68; dat. abl. **zaothrâbyô** *zôhrâk* N. 71; transcrit *zôsar* F. Farh. 41; acc. **zaôthrâṭ** (lire **zaothrâo** N. 65; **zaôthrâo** T. 36, 68, 71; gén. **zaothranãm** *zôhrân* N. 83, 84.

zaothrada neutre sg. instr. **zaothrada** *pun zôtih* « en exercice des fonctions de Zaotar » N. 40 (**zaotar+ta**).

zaothrô forme que prend le thème **zaothra** en composition (Voir **zaothrô-barana**).

zaothrô-barana adj. neutre sg. instr. **zaothrô-barana** *zôhr-barân* « qui porte, qui contient la libation » N. 66.

zaoda voir **zaotar**.

zaodha voir **zaotar**.

zañta fém. sg. nom. **zañta** *shinâsishn* « connaissance » M. F. 30. (De la racine **zan** ; cf. pehlvi-persan *zand*).

zañtu mscl. transcrit *zand* « district, pays » sg. abl. **zañtaoṭ** N. 8; gén. **zañtéush** N. 8; loc. **zañtavô** T. 22; **zañtvô** N. 8.

zañtu-bakhṭa neutre sg. acc. **zañtu-bakhtem** *zand bajishnîh* « qui a le pouvoir de gouverner un district » T. 95.

zata adj. sg. mscl. nom. **zatô** *makhîtûnt* « frappé » M.

F. 30 (part. passif de la racine **zan**).
zad lire **yaṭ** *man* et voir **ya** « qui, que » T. 20.
zan verbe « connaître, savoir ».
fra act. ind. prés. sg. 3 **frazânaiti** *barâ fràj khavîtûnêt* « il connaît » F. Farh. 47. (C. **âzaiñtivañṭ** et **zañta**.
zan verbe « naître ».
ni act. part. prés. sg. mscl. acc. **nizentem** transcrit *nizand* et glosé *pun khânak zarkhûnêt* « celui qui est né dans la maison » N. 92.
zan verbe « frapper », voir **zata**.
zar verbe.
â opt. sg. 2 **âzarayôish** « n'affliges pas » D. 4.
zarazdâti mscl. sg. abl. **zaʳazdâtôiṭ** *ravak dahishn* « qui fait marcher (la Religion) » T. 62. (Cf. **arazdâ**).
Zarathushtra nom du prophète du Mazdéisme transcrit *Zartûsht* et *Zartûhasht*; gén. **Zarathushtrahé** T. 120; voc. **Zarathushtra** T. 13, 55, 58, 60, 66, 78, 90, 94, 98, 99, 103, 105, 108; N. 84; D. 3, 4; F. Farh. 23.
zarathushtri adj. sg. mscl. instr. **zarathushtri** *î Zartûhasht* « qui concerne Zoroastre » N. 33,
zaranya adj. traduit en sanscrit suvarnanirmita « en or » sg. mscl. nom. **zaranyô** Aog. 17,
zarahêhi adj. forme de comparatif irrégulier d'un adj. **zarah** (**zavah+yah**) pl. fém. pris adverbialement **zarahêhîsh** *kâsishnakîh* « plus affaibli » T. 41.
zarahê hish voir **zarahêhi**.
zaredhaya neutre « cœur » sg. nom. ou acc. **zeredhaiêm** M. F. 30. (Cf. **eredhaya**).
zarva fém. sg. nom. **zarva** *zarmânîh* « vieillesse » M. F. 30.
zarvânem ca voir **zrvâna**.
zasta mscl. « main » duel. gén. **zastayasca** (lire **zastayâosca**) *yadâ* T. 57.
zâ voir **zem**.

zâ verbe « prendre » ; part. parf. (employé au sens passif) locatif absolu **zazushu** *giriftâr* T. 56.

zâniti ? D. 7.

zâmaoiô forme altérée d'un thême **zâma** (?) traduit *dâmât* « gendre » M. F. 30.

zâyéshca, voir **zya**.

zi verbe, voir **zita**.

ziî voir **zi**.

zita adj. sans flexion **zita** traduit *afzâyat cîgûn ârâyishn* « augmenté, dans le sens d'arrangé, orné » M. F. 30.

zirijañṭ adj. traduit en pazend *agâr-î hôshmandă* et en sanscrit jîvamatâm̃ vighatanâkaras; sg. mscl. nom. **zivijâo** (lire **zirijâo**) « celui qui fait périr les mortels, les hommes » Aog. 32.

zivijâo voir **zirijañṭ**.

zî conjonction « certes, car » T. 18, 22, 25, 32, 37) corrigé de **âzi**) T. 91, 98 ; N. 68 ; traduit *mâ* N. 22, 84 ; **ziî** *mâ* lire **zî**) N. 68.

zîmana (lire **zemana**) fém. sg, nom. **zemana** *mizd* « salaire, rémunération » N. 17. (C. **zemana, zmana**).

zu verbe « prendre, saisir » act. parf. sg. 3 **zazva** *vakhdûnt* « il a pris » ; traduit en sanscrit gṛhîtam; aoriste sg. 3 **zazusha, jazush** *vakhdûnêt* sk. gṛhnâti D. 3. (Cf. **zatar** « propriétaire », traduit en sanscrit gṛhîtar, *Yasna*, Hâ xi, § 1 et **zavô** traduit *giriftâr* *Yasht* xxxiii, § 12 b et James Darmesteter, *Zend-Avesta*, Tome III, p. 151, n, 2).

zura mscl. ou neutre « violence ». (Cf. **zurô-bereta**, et le pehlvi-persan *zôr* ainsi que l'arabe emprunté au persan, *zaûr* d'où la racine *zavara*. C'est de cette même racine que vient le nom de la partie sémitique du pehlvi ou plutôt du système graphique pehlvi *hûzvarishn*, qui dérive de **avi** + **zvar**).

zurô forme que prend le mot **zura** en composition.

zurô-bereta adj. pl. fém. nom. acc. **zurô-beretâo**

zûr-bûrtâr (lire *zûr-bûrt*) « enlevé avec violence » F. Farh. 55.

zush verbe « désirer, aimer ».

â moy. aor. sg. 3 **âzîzushtê** *pun dôshishn lâlâ doshêt* « il aime (avec amour) » T. 97. (Cf. **zusha, zushta** et le pehlvi-persan *dôst* « ami », voir **frazushô**).

zusha *khvâstak* « aimé » ou « argent, valeur monétaire » M. F. 30. (Cf. **zush**, si ce mot signifie « aimé » et **zushta** s'il signifie « argent ».

zushta adj. mscl. sg. nom. **zushtô** traduit *dôshîtâr* « celui qui aime » F. Farh. 71. (Part. passif de **zush** « aimer »; le sens étymologique serait plutôt « aimé » qu' « aimant », mais il y a dans ce mot un renversement de sens analogue à celui que l'on remarque dans *giriftâr* qui, de « celui qui capture », a fini par signifier « prisonnier ».

zushta part. passif. de **zush** traduit en pehlvi *dirham* « pièce de monnaie ». Il semble que le mot pehlvi *dirham* ne puisse traduire le mot **zushta** qui pour la forme est le participe passif de la racine **zush**. Peut être il y-a-t-il eu dans l'esprit du traducteur une confusion entre **zushta** et *zūzan*, nom sémitique du dirhem ; M. F. 30.

zeṅha mscl. *zang* « jambe » forme altérée de **zañga** M. F. 11.

zem *zamîk* « la terre », sans flexion en fonction de loc. **zem** « dans la terre » N. 101 ; sg. nom. **zâ** (lire **zâo**) F. Farh 8; gén. **zemô** F. Farh. 63; pl. nom. acc. **zemô** F. Farh. 52.

zemaêna adj. duel. mscl. inst. **zemaênaêibya** *î zamîk* « de terre » N. 107.

zemana fém. *môzd* « rémunération, salaire » M. F. 30. (Voir **zîmano, zmana**).

zemanaṅh masc. sg. gén. **manaṅhô** (lire **zemanaṅhô**) *mazg* « moëlle » N. 67.

zeredhaêm voir **zaredhaya**.

zgath verbe « séparer » act. imp. ind. sg. 3 **zagathaṭ** traduit *jût*, litt. « séparément » M. F. 30.

zgeregnem voir **zgeresna**, la confusion étant amenée par la similitude du **g** et de l'**s** dans certains manuscrits.

zgeresna adj. sg. acc. **zgeregnem** (lire **zgeresnem**) *gart* « rond » M. F. 30. (Cf. **uzgeresnô** traduit *gart* « rond » dans le *Vendidad*, Farg. XIV, § 10.

zmana fém. sg. gén. **zman[a]yâo** (lire **zemanayâo**) *mozd* « salaire » N. 17. (Cf. **zîmana** et **zemana**).

zya adj. pl. neutre instr. **zâyéshca** (lire **z[â]yâishca** *farbâ kirâ* « de [vache] maigre » N. 57. (Cf. **azâya** et **azya**).

zyâ verbe « faire tort à... » forme verbale indéterminée **zyêiṭ** « il nuit », traduit *zînitâr*, litt. « celui qui fait tort à » M. F. 39.

zrva traduit *zamân* « temps » M. F. 30.

zrvan, **zrvâna** mscl. neutre *zamân* « temps » sg. acc. **zrvânem** T. 79; **zarvânemca** F. Farh. 136; loc. **zru** N. 12.

Z H

zhaêna voir **haêna**.

T

ta pronom démonstratif « celui-ci » sg. mscl. nom. **hô** T. 110; N. 68; acc. **tem** *zag* N. 42; fém. acc. **tãm** *zak* N. 10; neutre nom. acc. **taṭ** T. 98; N. 12, 68; *zak* N. 30, 44, 45; *îtûn* « ainsi » N. 48, 51, 103; F. Farh. 70; **tâṭ** (lire **taṭ**) *pun olâ* N. 12; pl. mscl. nom. **taêca** *olâshân* N. 118; fém. nom. **tâo** *olâshañ* T. 76; N. 103; **tê** *zak* F. Farh. 39.

taoṅhrô voir **tarô daregha**.

takhma adj. « fort, puissant » sg. mscl. nom. **tahmô** (lire **takhmô**) *tâkîg* T. 104; pl. mscl. gén. **takhmanãm** traduit *takîgîh* litt. « force » T. 4; superlatif sg. mscl. nom. **tañcisthô** *hutakîgtûm* T. 45; *takiktûm* F. Farh. 29.; acc. **tançishtem**.

tanrô-pithwâo voir **tarô-pithwa**.
tac verbe « courir » (voir **tacañt, tacinti**).
anu moy. ind. prés. sg. 3 **anutacaité** *madam barâ tôjêt* (lire *tajêt*) « il accourt » N. 7.
taca traduit *tacan* « ? » N. 37.
tacañt adj. forme incomplète **taca** traduit *tâj* ; **tacañt** est le participe présent du verbe **tac** et signifie « courant »; *tâj* est le thème verbal du verbe pehlvi-persan *tâkhtan* « courir », dérivé de **tac** M. F. 29.
tacara neutre sg. **tacarem** traduit *tajar* « longueur de deux hathras ou de deux mille pas « F. Farh. 66. (Cf. J. Darmesteter, *Zend-Avesta*, Tome II, p. 104, n. 39).
taciñti adj. traduit en pazend *frâj thajâ* et glosé *ké bût kat buleñd*, traduit en sanscrit pravahamâna « qui jaillit du fond » Aog. 77. (Forme de participe présent de la racine **tac**).
tañcishta voir **tahma** et **taremana**.
taṭ voir **apaiti** N. 54.
tadha adverbe *îtûn* « alors, ainsi » N. 54, 65.
tadhâo voir **tacare**.
tanu fém. « corps » sg. voc. **tanvô** traduit en pazend *tan* et en sanscrit tanu Aog. 25, 26, 27, 28, 48 ; acc. **tanûm**, dans **tanûm parayêiti** F. Farh. 60 traduit *tanafûhr yahvûnêt* « il devient Peshotanu » N. 41, 42, 43 ; **tanûm pairyêiti** N. 43; **tinãm** (lire **tanum**), **tinãm aiwyâstãm** est traduit *tan u pun ayyipyahânîndag* N. 95 ; **tanu** (lire **tanum**), **tanu aiwyâstãm** est traduit *tan pun ayyibyâyânishnîh* N. 95 ; dat. **tanvaêca** F. Farh. 4 ; gén. **tanvô** *tan* T. 97 ; pl. gén. **tanunãm** T. 18.
tanu-peretha adj. « coupable, en état de péché capital, en état de Peshotanu » généralement traduit *tanafûhr* sg. mscl. nom **tanuperethô** traduit *tanâfûhrakîh*, litt. « crime capital » N. 38 ; *tanafûhr* N. 39 ; **tanuperetha** (lire **tanuperethô**) *tanâfûhr* N. 39 ; abl. **tanu-**

perethâṭ *tanâfûhrakân* (glosé *margarzânân*) N. 16 ; dat. **tanuperethâi** *tanâfûhrakân* (glosé *margarzânân*) N. 17, 18 ; acc. **tanuperethem** *tanâfûhrakânîh* N. 39 ; *tanâfûhrîgân* N. 105 ; gén. **tanuperethehê** *tanâfûhrakân* T. 9 ; **tanuperethahê** *tânafûhrakânîh* N. 54 ; pl. mscl. nom. **tanuperetha** *tanâfûhr* N. 38 ; **tanuperethô** (lire **tanuperetha**) *tanâfûhrakîh* N. 38 ; gén. **tanuperethanãm** *tanâfûhrâkân* N. 59.

tanu-mazaṅh neutre litt. « valeur du corps », expression technique désignant la valeur d'un *tanâfûhr* ; sg. acc. **tanû mazô** *tan masâî* T. 24. (Voir James Darmesteter *Zend-Avesta*, Tome III, p. 58, n. 1)

taradhâtar mscl. sg. nom. **taradhâta** *tarvînîtar* « destructeur » M F. 29.

tarasca préposition avec enclit. *tîrîst* « par dessus, en travers » N. 95.

taremana adj. sg. mscl. nom. **taremanô** *khûrt* « petit » M. F. 29. (Cf. **tañcishta** et **tarémana**).

tarémana adj. sg. mscl. nom. **tarémanô** *takîktûm* « très fort » (Cf. **tañcishta** et **taremana**) M. F. 29 ; **tañcishtem** *takîgtûm*, **tarémanô** *takîgtûm*, **taremanô** *khûrt*. La traduction différente de **tarémanô** et de **taremanô** prouve qu'il y a une lacune dans le texte, d'un mot pehlvi, traduction de **taremanô**, et d'un mot zend traduit *khûrt*.

tarô traduit *tarîsht* « au-delà », d'où l'idée de passer au-delà, de transgresser, puis de mal ; **tarô hvaraya** *tarîst khôr* « il commet le péché nommé **hvara** » N. 42 (voir **tarô-denanô, tarô-maiti, tarô-pithwa, tarô-daregha**).

tarô-daregha adj. pl. neutre nom. **tarô-daregha** *razîn* « extrêmement long » T. 120.

tarô-denâno « ? » traduit *râjîn dânûr* N. 100 ; corrigé de **dtarô-denâno** N. 101 ; de **tarô-dedâno** N. 101 (voir le suivant).

tarô-denâro troduit *târ-dânûr* N. 90. Il est vraisemblable que le mot précédent est à lire **tarô-denârô** dans les trois passages où on le trouve, car *târ* est la transcription de **tarô** dont *râjîn*, *râzîn* est la traduction, et *dânûr* traduit **denânô** aussi bien que **denârô**.

tarô-pithwa mscl. sg. nom. **tańrô-pithwâo** (lire **tarô-pithwô**) *taltâ* (lire *tarîsht*) *pashânîh* « mauvaise nourriture » N. 15. (Cf *Vendidad*, Fargard XIII, § 20).

tarô-maitî fém. traduit *tarmînishnîh* « action de se croire supérieur à sa valeur, mégalomanie, impiété » sg. nom. **tarômaiti** (lire **tarômaitish**, voir **katârô**) N. 41 (**tarô+maiti**).

tarshu, tarshuca *tîr* grain T. 94; (*tîr* dérive de **tâyûiri** et désigne une sorte de pain, *lahmâ*. — J. Darmesteter, *Zend-Avesta*, Tome II, p. 232, n. 9).

tarshna mscl. sg. instr. **tarshna** *tîshn* « par soif » N. 15.

tasciṭ voir **gâthwôish**.

tashta neutre sg. instr. **tâshta** (lire **tashta**) *tasht* « tasse, coupe » N. 66. (Cf. persan *tasht*, arabe *tasht* et *tass*, d'où le français tasse).

tahmô, voir **takhma**.

tâitya voir **shyothnanô tâitya**, traduit *pun* **shyaothananãm** *ravishnîh* « au mot **shyaothananãm** » N. 81.

tâciṭ voir **kva** N. 108.

tâya voir **ananrô** N. 15.

tâya mscl. traduit *dûj* « voleur » sg. nom. **tayô** *taraft dôstîhâ taraft yahvûnît* M. F. 39. Cf. le suivant et **tayu**).

tâya adj. pl. fém. acc. **tâyâosca** *min dûj* « de voleur » T. 36.

tâyu mscl. sg. nom. **tâyush** *dûj* « voleur » N. 6, 63.

tâyusha pl. nom. acc. (?) **tâyushâosca** *dûzt afshârak u duzt afshârak îtûn vinâskâr cîgûn tôrâ u nakad u gabrâ* « voleur, qu'il s'agisse d'un bœuf, d'une femme ou d'un homme » M. F. 39.

tâshta voir **tashta**.
tinãm voir **tanu** N. 95.
tishrô voir **thri**.
tuthraêshu voir **tãthra**.
tush verbe ? act. causal. ind. prés. sg. 3 **taoshyêti** traduit *madam nidôshint*.
ni act. causal ind. prés. sg. 3 **nitaoshayêiti** *nadhôshânt* (lire *nidhôshint*). (Cf. *Vendidad*, Farg. xvii, § 2 **upataoshayêinti** *madam tûshînd* « ils font tomber ».
tushi mscl. ou fém. sg. nom. **tushish** *tôsht* « houe, instrument de jardinage » M. F. 29.
tûiri neutre « fromage » pl. nom. **taurva** (lire **tuirva** N. 67 ; gén. **tûirinãm** *tîr*, *panîr* N. 66, 67. (Cf. le grec τῦρος, et James Darmesteter, *Zend-Avesta*, Tome III, p. 123, note 3).
tûirya adj. numéral « le quatrième » sg. mscl. instr. **tûirya** *cahârûm* N. 102 ; neutre acc. **tûirîm** *tasûm* « une quatrième fois, en quatrième lieu » N. 11, 82 ; gén. **tûiryêhê** *tasûm* T. 8.
tûm pronom personnel de la seconde personne; abl.**thwaṭ** *madam lak* « avec toi » N. 7 ; acc. **thwãm** D. 1, 7 ; F. Farh. 58 ; dat. enclitique **tê** *lak* « à toi » T. 66, 90 ; gén. **tê** *lak* « de toi » T. 54, 71 ; duel. gén. **yavâkem** *lakûm ol 2* M. F. 3 ; pl. nom. **yûzhem** *lakûm* F. Farh. 26 ; acc. enclitique **vô** *lakûm râî* F. Farh. 13.
temaṅh neutre « obscurité » sg loc. **temahê** (lire **temahi**) *tarîkîh* N. 68.
tãthra neutre « ténèbres » pl. loc. **tuthraêshu** (lire **tãthraêshu**) *tarîk* N. 68.
tcô voir **hâthrâo** N. 88.

Ṭ

ṭkaêsha mscl. *dâtôbar* ou mieux *dâtvâr* « juge » sg. nom. **ṭkaêshô** F. Farh. 47 ; gén. **ṭkaêshahê** F. Farh. 70.

TH

thanavañta, l'un des mss. donne **yatha navañta**, voir **navañta**.

thanvasca traduit *sanvar?* N. 97.

thamana mscl. ou neutre sg. nom. ou acc. **thamanem** *khvêshkàrîh î gôrdîh* « vertu, héroïsme » M. F. 31.

thnâ verbe « accepter » voir **thnâta.**

thnâta adj. sg. mscl. nom. **thnâtô** « accepté » tradui *makablûnishn* litt. « action d'accepter » M. F. 31. (Part. passif de **thnâ**).

Thraêtaona nom d'un des rois Pishdadiens, gén. **Thraêtaonahê** transcrit *Frîtûn* F. Farh. 27.

thrakhti fém. sg. acc. **thrakhtim** *srâkht* « face » N. 74 ; **thrakhtem** (lire **thrakhtim**) *nîmak* « partie » N. 79 (cf. **srakhti**).

thrañh *pûmmâ* « bouche » M. F. 31.

thrañhi mscl. ou fém. pl. abl. **thrañhibyô** *thrâgh pûmmâ* « bouche » T. 59.

thrayanaca voir **srayan.**

thrayãstuma adj. *3 tâk* « qui a trois tiges», en parlant du **Haoma** N. 108.

thrâtar mscl. sg. gén. **thrâthrashca** *srâyishn* « entretien, causerie » N. 92.

thrâtu mscl. sg. nom. **thrâtush** « celui qui parle » traduit *srâyat* « il parle » F. Farh. 58.

thrâyôsata nom de nombre « trois cents » M. F. 31.

thri nom de nombre « trois » sans flexion : **thri** T. 7, 8 ; N. 42, 43, 69, 83, 109 ; F. Farh. 36, 69 ; pl. mscl. nom. **thrâyô** T. 99 ; gén. **thrayãm** T. 39 ; N. 108 ; **thryãm** N. 65 ; fém. acc. **tishrô** N. 73, 100, 101.

thrikhshapara neutre sg. acc. **thrikhshaparem** *3 shapak* « espace de 3 nuits » N. 4.

thrigâma mscl. *3 gâm* « espace, groupe de 3 pas » acc.

thrigâmem F. Farh. 70; gén. **thrigâmahê** N. 69 (**thri+gâma**).

thrigâmi neutre sg. acc. **thrigâmi** *3 gâm* « espace de 3 pas » N. 83 (probablement une forme altérée dérivée du mot précédent).

thrizaremaya adj. sg. acc. **thrizaremaêm** *3 zarmâîm* « qui dure 3 printemps, 3 ans » N. 11.

thritya adj. *satîgar* « le troisième » sg. mscl. nom. **thrityô** N. 2; inst. **thrityâ** N. 102; gén. **thrityêhê** T. 7; fém. gén. **thrityâo** (lire **thrityayâo**) N. 42; sg. acc. (employé adverbialement) **thrîtim** « pour la 3e fois » N. 11; « en 3e lieu » N. 82.

thripithwôdhi adj. sg. mascl. **tripithwôdhi** (lire **dhish**) traduit *3 pashn* « qui reçoit 3 fois sa nourriture » F. Farh. 61 (de **thri+pitu**; cf. **bipithwô**).

thrivacaya adj. sg. mscl. acc. **thrivacahim** traduit *3 gavishn* « qui se compose de 3 paroles » F. Farh. 39.

thrisa traduit *pun 3* « trois fois » N. 108. (Cf. **thresara**).

thrista nom de nombre sg. mscl. acc. **thristem** *sî* « trente » M. F. 31.

thrish nom de nombre « trois » N. 31, 66, 67, 88, 90, 97; adv. « trois fois » traduit *3 bâr* N. 4; *3 tâk* N. 97; avec enclitique **thrishciț** T. 87.

thrishâmrûta adj. neutre pl. nom. **thrishâmrûta** « prière que l'on récite trois fois » transcrit *trishâmruît* N. 35; et *srîshâmrût* N. 33.

thrishu neutre « un tiers » traduit *srîshôtak* sg. acc. **thrishum** traduit *srîshôtak* N. 42, 43; instr. **thrishva** M. F. 1.

thru verbe « jeter, lancer ».

ava act. pot. sg. 3 **avathraviț** *barâ parkînak* (lire *parkînâd*) « s'il jetait) T. 39.

thresara adj. sg. neutre acc. employé adverbialement **thresarem** *pun 3 kûnîshn* « 3 fois » T. 60. (Cf. **thrisa** N. 108).

thrãfdha ms. sg. nom. **trãfdhô** *patishnîh* « descente » M. F. 31.

thryãm voir **thri**.

thwaiti voir **va**[ê]... N. 61.

thwakhshita adverbe « énergiquement, beaucoup, très » **yôishtô thwakhshitâo** est traduit *kas tûkhshak farmân bûrtâr yahvûnît* « le petit est très obéissant » F. Farh. 25.

thwayañha neutre sg. nom. acc. **thwayañhem** traduit *bîm* « crainte » et *abîm* « état de celui qui ne craint pas » (lire **aiwyañha**) N. 10.

thwares verbe « fixer, établir » act. ind. prés. sg. 3 **thweresh**ə**iti** (lire **thweresaiti**) N. 52; **thwiresaiti** traduit *brêhînît* « il fixe (une peine) » N. 53. **upa** part. passif neutre pl. acc. **upathwareshta** T. 71. (Cf. James Darmesteter, *Zend-Avesta*, Tome III, page 103, note 4).

thwaresa mscl. pl. acc. **thwaresésca** traduit vraisemblablement à tort *barsôm* (lire *bârîn?*), et glosé *rôîshâ* « la fin » N. 40. (Cf. James Darmesteter, *Zend-Avesta*, Tome III, page 103, note 4).

thwâṭ voir **tûm**.

twôi staotarascâ prière bishâmrûta, qui se récite deux fois de suite ; commencement d'une Gâthâ N. 34 ; (*Yasna*, Hâ xli, § 3 ; *Vendidad*, Fargard x, § 4).

D

daêna fém. « la Loi religieuse, la religion » traduit *dîn* ; sg. acc. **daênãm** D. 2 ; abl. **daênayaṭ** N. 41.

daêva mscl. « démon, diable » traduit *shêdâ* ; pl. nom. **daêva** N. 68 ; gén. **daêvanãm** N. 33.

daêvayaṭ traduit *namût* (lire **daêsayaṭ**) voir **dis**.

daêvayasna adj. « qui adore les daêvas, idolâtres » traduit ou plutôt transcrit *dêvayasn*, mscl.; sg. abl. **daê-**

vayasnâṭ traduit *dêvayasnân* et glosé *ânîrân* (non-iranien) N. 16; dat. **daêvayasnâi** *dêvayasnân ânîran* N. 17, 18; gén. **daêvayasnahê** *dêvayasnân (ânêr)* N. 10; **daêvayasnô** (lire **daêvayasnahê**) *dêvayasn* T. 9; acc. **daêvayasnem** *shêdâyasnân* N. 105; pl. abl. **daêvayasnaêibyô** *shêdâyasn* N. 54; gén. **daêvayasnanãm** *shêdâyasnân* N. 59; D. 2.

daêvi fém. « fourberie, canaillerie » pl. acc. **daêvishca: keresãsca gadhôitîshca daêvishca** *nâkalîsdahîh nishîshtânîh zak aprastâran?* N. 53.

daêvya adj. traduit en sanscrit devîm. ko artah timiragañ asam̃kulam sg. mscl. acc. « démoniaque » Aog. 28.

daozhaṅhva adj. sg. mscl. acc. **daozhaṅhum** *dûshakh* « infernal » T. 93.

daonô-jaitish voir **baodhô-jaiti.**

daosha mscl. ou fém. sans flexion **daosha** *dôsh* « épaule » M. F. 10.

dakhsha neutre sg. instr. **dakhsha** *dajishn* (dans le mss. *p-sh-n-n* « brûlure » T. 37. (racine **dazh**).

dakhshamaêshta fém. nom. corrompu de **dakhshmaiti** (voir le suivant); sg. acc. **dakhshamaêshtãm** transcrit *dakhshumâst* N. 70.

dakhshmaiti fém. sg. nom. **dakhshmaitish** transcrit *dashmêsht* « mesure de longueur de 8.000 pas, équivalant à 8 hazârs » F. Farh. 66. (Cf. James Darmesteter, *Zend-Avesta*, Tome II, p. 104, n. 39).

daṅhu fém. traduit *matâ* « pays » sg. dat. **daṅhvé** trad. *mâti-ân* (lire *matâ-ân*) F. Farh. 6; abl. **daṅhaoṭ** N. 8; gén. **danhéushca** N. 8; loc. **daṅhvô** T. 22; N. 8; pl. gén. **dahyunãm** N. 68.

daṅhąoscaôiṭ (lire **kaṅhâoscoîṭ**) traduit *katârcaî* N. 102.

daṅhu-bakhta neutre sg. acc. **daṅhu-bakhtem** *matâ bajishnîh* « pouvoir de chef de pays » T. 95.

dañhôṭ mot à supprimer N. 8.
dañhra adj. sg. nom. **dañhrô** (lire **dañrô** ou **dañgrô**) *dânâk* « instruit, savant » F. Farh. 22. c.
dazh verbe « brûler » act ind. imp. sg. 3. **dazhat** traduit *lûît* (lire *sôjêt*) M. F. 27 ; subj. imp. **dizhaṭ** *dajêt* « il brûlera » T. 37. (Voir James Darmesteter, *Zend-Avesta*, Tome III, page 60, n. 3).
dathânô voir **pathânô**.
dadha mscl. sg. nom. **dadhô** « qui donne, donateur » T. 110.
dantan mscl. pl. **dantanô** *dandân* « les dents » M. F. 8 (corruption de **dañtan**).
dar verbe « posséder, avoir » adj. verbal. pl. sg. nom. **dâdarayô** *yakhsûnd*, *yakhsûnînd* « possédant ».
â moy. causal. prés. ind. sg. 3 **adarayêitê** *dârîk yahvûnît* « il tient, il conserve » T. 133.
fra opt. sg. 3. **fradarayôiṭ** *frâj aî yakhsanûnît* N. 67.
ham moy. ind. prés. sg. 3. **handaraitê** *ol sham* (lire *ham*) *yakhsanûnît* « il tient ensemble » T. 19.
daregha adj. sg. neutre acc. **dareghem** *dêr* « long » F. Farh. 4 ; employé adverbialement **dareghem** « pour longtemps F. Farh. 5 (cf. **tarô-daregha**).
darez verbe « tenir » part. parf. **didrezvô** « désirant tenir » T. 90, 91.
hâm act. causal. ind. prés. sg. 3 **hãm darezayaêiti** *hambash yakôyamûnît* « il fixe » N. 99 ; ind. prés. pl. 3 **hãn darezhañti** *ol ham yakhsanûnînd* N. 101 ; **añtara speñti** (lire **hañdarezhañti**) *ol ham yakhsanûnînd* N. 101.
darezera adj. sans flexion traduit *sakht* « fort, violent » M. F. 27.
daretu mscl. sg. instr. **daretô** *dart* « par souffrance » N. 15.
darethra neutre sg. acc. **darethrem** *yakhsanûnishn* « maintien » T. 51. (Cité de *Vispêred*, Karda II, § 10).

darevaṭ traduit *khadîtûnt* « vu », lire **daresaṭ**. (Cf. **daêvayaṭ** et voir la racine **dares**).

dares verbe « voir » act. ind. imp. sg. 3 **darevaṭ** (lire **daresaṭ** « il voyait » traduit *khadîtûnt* « il a vu » M. F. 27 (Voir le précédent).

daresa ms. sg. instr. **daresa** *pun vînishn* « avec la vue » glosé *amat barâ nikîrît* « quand il regarde » T. 123 (de la racine **dares**).

dava mscl. traduit *dâtôbar* (*dâtvar*) « juge » T. 116.

davata? D. 7.

dasema adj. sg. mscl. ou neutre gén. **dasmahê** (lire **dasemahê**) *dahûm* « le dixième » M. F. 1.

dasti fém. sg. nom. **dasti** « don » N. 84.

dasmahê voir **dasema**.

dashina adj. traduit *dashan* « qui est à droite » sg. mscl. nom. **dashinô** M. F. 9; acc. **dashinem** N. 79; **dashanem** (lire **dashinem**) N. 79; employé adverbialement **dashinem** « à droite » N. 65; neutre abl. **dashinâṭ** N. 79; superlatif sg. neutre dat.. **dashnôtemâi** *ol doshantûm* « le plus à droite » N. 70.

dahma adj. traduit *dahm* et *dahmān* « juste, fidèle, homme pieux » sg. mscl. nom. **dahmô** T. 64; N. 17, 25, 27, 30, 37, 38, 39, 104; **tahmô** (lire **dahmô**) T. 118; en fonction de nom. pluriel, **dahmô** (lire **dahma**) N. 39; datif **dahmâi** N. 19; acc. **dahmem** N. 12, 44, 45; gén. **dahmahê** N. 104; fém. nom. **dahma** T. 65; acc. **dahmãm** T. 66; pl. mscl. nom. **dahmô** (lire **dahma**) N. 39; gén. **dahmanãm** N. 40, 105.

1. **dâ** verbe.

a act. aor. pl. sg. 3 **âdare** « ils prennent » D. 3 (peut être de la racine **dar**).

2. **dâ** verbe « donner, créer » traduit *dâtan* et en huzvaresh *yahbûntan*, act. ind. prés. sg. 3 **dadhâiti** *yahbûnêt* N. 17, 25, 61, 105; *yahbûnd* N. 62; **dadhaiti** *yahbûnêt* N. 37; **dasti** *yahbûnêt* N. 105; **dadhâiti** *barâ dahis-*

hnîh N. 84; **daṭaiti, dathâiti** T. 44; *yahbûnêt* T. 74; moy. ind. prés. sg. 3 **dazdê** *dât yakôyâmûnêt* N. 55; pot. sg. 3 **daidhît** *yahbûnêt* N. 18; imp. sg. 2 **dazdi** *yahbûn* M. F. 27; passif part **dâta** *kart* « crée » M. F. 27

â act. ind. prés. sg. 3 **âdadhaiti** *yahbûnêt* T. 3.

paiti act. ind. prés. sg 3 **nôiṭ paiti dadhâiti** *lâ lâ yahbunêt* « il ne donne pas en retour, il ne rend pas » glosé *aîghash pasûkh-î dâtistân lakhvâr lâ obdûnand* F. Farh. 15 a.

fra act. ind. prés. sg. 3 **frâdhâiti** *frâkhvînêt* « il fait grandir » T. 42.

3. **dâ** verbe.

upa « couper, moissonner » act. ind. prés. sg. 3 **upadadhâiti** *acdarûnet* N. 101; passif part. passé pl. fém. acc. **upadâtâo** *madam acdarûnêt* N. 101.

dâiti fém. « don, action de donner » inst. **dâiti** *pun dahishn* N. 61, 64; *barâ dahishnîh* N. 84 (De la racine **dâ** 2).

dâiti voir **nidâitica** *dâtîg* ? N. 67.

dâiti fém. sg. instr. **dâiti** « coupe, bois coupé » traduit *acdrûnishn* « action de couper » N. 105 (de **dâ** 3).

dâitéê voir **hufrâshmô-daiti**.

dâitya adj. traduit *dâtîhâ* « régulier, suffisant, normal » sg. mscl. nom. **daityô** *dâtîgîhâ* N. 107; **adâityô** (lire **daityô**) N. 107; sg. neutre acc. **dâitîm** N. 52, 53; instr. **dâitya** N, 8, 52; gén. **dâityêhê** *dâtîhâ* N. 17; pl. neutre acc. **dâitya** *dâtîh* F. Farh. 15 c. (**Dâitya** prend la forme **dâityô** en composition; voir **dâityô-gâtûsh, dâityô-draonaṅh**).

dâityô-draonaṅh adj. sg. nom. **dâityô-draonâo** *dâtîhâ sûr* « qui a une nourriture convenable, modérée » N. 30; nom. **daityô-draonaṅhasca** *dâtîhâ sûr* « qui a une nourriture suffisante « N. 53.

dâityo-gâtu mscl. *dâtîhâ gâs* « place régulière» sg. mscl. nom. **dâityô-gâtush** N. 78, 79.

dâidî mot qui entre dans la formule **dâidî môi yê gãm** N. 102.

dâta part. passif de **dâ** *kart* « fait, créé » M. F. 27.

dâta mscl. ou neutre traduit *âi dârishn* N. 97; pl. instr. **dâtôish** (l. **dâtâish**) *pun dahîshn* « par présents » T. 116 (De la racine **dâ** 2).

dâta neutre « la Loi » pl. nom. **dâta** T. 120; **dâtâish** *dâtistân* F. Farh. 15 c.

dâtem voir **dahma.**

dâtôish voir **dâta.**

dâthra neutre « don » sg. instr. **dâthri** (lire **dâthra**) N. 84; acc. **dârem** (lire **dâthrem**) N. 84; pl. acc. **dâthra** N. 16.

dâdari adj. verbal redoublé de **dar**; pl. mscl. nom. **dâdarayô** *yakhsanûnînd* « possédant » N. 96.

dânazvâza mscl. nom du prêtre qui dans le sacrifice mazdéen complet portait l'eau, synonyme de **âbereṭ** sg. acc. **dânazvazem** *pun rôdhat vajînîtarîh* (lire *pun rôt vajînîtârîh*) litt. « en qualité de porteur d'eau » N. 82 (**dânu+vâza.**)

dânu mscl. traduit en pazend *rôd* et en sanscrit nadî « rivière » sg. mscl. **danush** Aog 77.

dâra fém. sg. nom. **dâra** *tîkh* « fil, tranchant d'une arme» M. F. 40.

dârem voir **dâthra**

dâstra; **dâstra masô** est traduit *mîn nêmak masâî* « pour une moitié... » N. 67.

dâshta adj. traduit *kart*, voir **dâta.**

dâshtô-ratu adj. sg. mscl. nom. **dashtô-ratu** peut-être à corriger en **dâshtô ratavô** qui est le pl. nom.; ce mot est traduit *man litamman dâstôbâr yakhsanûnêt* « qui a ici bas un maître spirituel ».

di pronom démonstratif « ce, celui » sg. acc. **dim** *zag*, *ghal*, *olâ* T. 65; *zag* T. 116; N. 16, 19, 39, 67, 68; *olâ* N. 39, pl. acc. **dish** *ôlâshân* N. 18.

dizhaṭ voir **dash**.
didrezvô voir **darez** T. 91.
dinânô voir **denanô** et **tarô denânô** N. 100 ; employé pour **tarô denânô** *rajîn dânûr* N. 100.
dis verbe « voir » actif causal imp. ind. **daêvayaṭ** (lire **daêsayaṭ**) *namût* « il montrait » M. F. 27 ; subj. prés. sing. 1 **daêsayêni** *nikîgam* « je ferai voir, je montrerai » T. 82.
dishta mot sans flexion, traduit en pehlvi *cîgûn* 12 *angûsht*, nom d'une mesure qui valait 12 doigts M. F. 41.
du verbe.
  vi : **vîdûshva** voir ce mot.
duzhâthra neutre, traduit en pazend *dushkvârîh* et en sanscrit asubham « malheur » sg. nom. **duzhâthrem** Aog. 53.
Dughdhôva nom propre de femme, acc. **Dughdhovãm** D. 4.
duzhahu adj. sg. mscl. gén. **duzhaṅhavô** *man zagî saryâ ahû yakhsanûnêt* « qui a un mauvais ahu, un mauvais guide spirituel » T. 17.
duzhvarenâis N. 35. Prière à réciter trois fois ou thrishamruta (*Yasna*, Hâ LIII, § 9 et *Vendidad*, Fargard X, § 8.
dudhuwibuzda, nom d'un crime M. F. 35.
dum, lire **ca** avec l'un des manuscrits et rattacher au mot précédent N. 59.
dush-zareta adj. sg. mscl. acc. **dushcâ-zaretem** *dûsh-zarmân* « courbé par l'âge » T. 38.
dush-dâma fém. sg. nom. **dushdâma** *dûsh dâm* « mauvaise création » M. F. 27.
dush-sasti fém. sg. nom. **dush-sastish** *dûsh amôjishnîh* « mauvais enseignement » M. F. 27.
dush-sravaṅh adj. sg. mscl. gén. **dushravaṅhê** « qui a une mauvaise réputation » traduit *dûshravîh* litt. « mauvaise réputation » M. F. 29.

dêṭ (ou **bêṭ**); ce mot est peut être la corruption d'un forme de la racine **bu** « être » T. 68.

dedânô lire **denanô** et voir **tarô denanô** N. 101.

dem voir **dim.**

demânô-pathni fém. sg. nom. **demânô-pathni** « maîtresse de maison » traduit *nisââ amat nûk shôî* « la femme quand elle vient d'être mariée » M. F. 29.

derejyêiti voir **derezyêiti.**

derez verbe.

â « lier, attacher » act. ind. prés. sg. 3 **âderezyâiti** *asarûnid* N. 94. (Cf. **dreñj**).

derêto-sraosha adj. sg. nom. acc. **deretô-srâoshem** traduit *dâshtâr-srôsh* et glosé *aîgh pun dastvâr kart yakoyamûnêt* « soumis à la direction du maître » F. Farh. 2 b.

déush fém. sg. nom ? **déush** *dôsh* « épaule » N. 106.

déush-dâta fém. traduit en pazend *dushâgâhî* et en sanscrit d u s h t a i r j n â n a i s « ignorance, mauvaise connaissance » Aog. 56 (**déush** pour **dush** et **dâta** part. passif de **dâ** « savoir) ».

dãmnsâvyãm ? D. 7.

dãhishta adj. superlatif de **dâo** sg. mscl. dat. **dãhishtâi** *dânâk* « très sage » N. 80.

dtarô lire **ta**r**ô**, et voir **tarâ denânô** N. 101.

draojina voir **draonya.**

draojina voir **draojinô bereta.**

draojinô bereta adj. pl. fém. acc. **draojinô-beretâosca** *drôj barishnîh* « apporté par un fourbe » T. 36.

draojyêhê voir **aêshô draojya.**

draonya adj. duel mscl. instr. **draonibya** *î dârîn* « de bois » N. 107.

draonaṅh neutre sg. acc. **draonô** *sûr* « nourriture » N. 52, 53; gén. **draonaṅhô** N. 17 (voir **dâityô draonaṅh, fradâodraonaṅh**).

draosh verbe act. imp. ind sg 3 **bîraoshaṭ** (lire **draoshaṭ**) *pun drôjishn drôkht havâ-at* « il mentira » T. 24. (Cf. **druj**).

dranj act. ind. prés. sg. **derenjyêiti** *dranjînêt* (glosé *narm obdûnand*) « il récite » N. 11 ; opt. parf. sg. 2 **dâdrâjôish** *dranjîshnîh yahvûnt* « tu répéteras. » N. 12 ; subj. imp. sg. 3 **drenjayâaṭca** (lire **drenjayâṭca**) *dranjîn narm barâ obdûnam* « j'apprendrai par cœur » N. 11 ; opt. parf. sg. 2 **dâdrâjôish** *dranjishnîh* « tu répéteras » N. 12.

draj verbe, causal. part. prés. fém. sg. acc. **drâjôyêitîm** *dranjînîtaktar* « qui fait grandir » T. 66.

drajaṅh neutre. Forme employée en composition **drâjô**. (Voir **aêsho drâjô, ayare drâjô, yare drâjô**).

drâjay causal de **draj**, voir **draj**.

drâjôyêitîm voir **draj**.

drighu adj. traduit *daryôsh* « pauvre » sg. mscl. acc. **drughîm ca** (lire **drighûm ca**) *daryôshân gabrâân* T. 47 ; gén. **drighôsh** *daryôshîh* litt. « pauvreté » T. 100. (Voir **drugh** et le suivant).

drîvi fém. sg. acc. **drîvîm** *daryôshân nîshâ-ân* « pauvresse » T. 47. [Ce mot est en réalité le féminin de l'adjectif **drighu** (voir le mot précédent), et il est pour **drîgvi**, par suite de la chute du **g**; on comparera **dregvañṭ** à côté de **drvañṭ, margu** en face de **mouru**].

dru neutre sg. gén. **draosh** *dâr* « bois, arbre » N. 100.

drughîmca voir **drighu**.

druj verbe « mentir » act. ind. prés. pl. 3 **druyañti** (lire **drujañti**) « ils mentent », traduit *zak-î drûjishn* « cette action de mentir » N. 84 ; moyen ind. prés. sg. 3 **drûzhaitê** *drûjînêt yakôyamûnêt* « il ment » N. 84.

druj fém. transcrit *drûj* « la Drûj, le démon femelle » ; sg. acc. **drujem** T. 41.

dregvañṭ adj. sg. mscl. gén. **dregvatô** *darvand* « méchant, maudit » T. 84.

dreñj verbe act. caus. ind. prés. sg. 3 **derenjyeiti** (lire **dreñjyeiti**) *dranjînêt* « il passe » N. 11 ; subj. prés. **breñjayâiti** (lire **dreñjayâiti**) *asarûnênd* « ils lient » N. 94.

drvañț adj. traduit *darvand* « maudit, damné » sg. mscl. dat. **drvaitê** T. 110 ; pl. nom. **drvatô** N. 54.

drvatâț mscl. sg. acc. **drvatâtem** *dûrust ravishnîh* « bonne santé » M. F. 11.

dva nom de nombre « deux » : duel nom. **dva** T. 99 ; **va** *kulâ 2 în* N. 23, 24, 94, ; **vâ** N. 5 ; **ava** (lire **va**) *kulâ 2* T. 122 ; **uva** *kulâ 2* M. F. 23 (voir **baê**) ; dat. ou abl. **vaibya** *madam kulâ 2 zakar u nakad* « pour deux, mâles ou femelles » M. F. 2 ; gén. **vayâoscițt** (**vayâo** + **cițt**) M. F. 2 ; *madam kulâ 2 nîvak u saryâ* « pour deux, bons ou mauvais » **vayâo** *madam kulâ 2 ahlavân u darvandân* « pour deux, bienheureux ou damnés » M. F. 2 ; loc. **vayô** *madam kulâ 2 bastak* M. F. 2 ; fém. acc. **vaiê** *madam kulâ 2 nakad* « deux, en parlant de deux êtres du sexe féminin » M. F. 2.

dvadasañhâthra adj sg. neutre nom. **dvadasañhâthrem** « qui se compose de douze hâzars, de douze mille pas » F. Farh. 68.

DH

dhadañh neutre sg. instr. **dhadañha** *shatâ* « la partie postérieure de l'homme » M. F. 11. (Corruption ou plutôt graphie défectueuse de **zadhan**).

N

nairika voir **nâirika**.

naêca conjonction *u-lâ-ic* « et non » T. 39. (Cf. **naêmca**).

naêci adj. sg. mscl. nom. **naêcish** « aucun » D. 3.

naêta? T. 117.

naêm voir **naêma**.

naêma neutre, traduit en pehlvi *nîm*, *nîmak* et en zévaresh par *palag* : 1° « moitié » 2° « partie, côté, place ». Sg. abl. **naêmâṭ** T. 38 ; N. 11, 37, 60, 69, 71, 79, 93, 94, 99, 104 ; *nîm* N. 58 ; *damîk* (lire *nêmak*) N. 11 ; acc. **naêmô** (lire **naêmem**) N. 33 ; **naêmem** N. 42, 44 ; **naêm** (lire **naêmem**) N. 44.

naêmca conjonction synonyme de **nôiṭ+ca** traduite *u-lâ-îc* « et non » N. 11. (Cf. **naêca**).

naonôdaitish voir **baodôjaitish** N. 67.

naoma adj. numéral sg. gén. **naomahê** *nahûm* « neuvième » M. F. 1 (= **navama**).

nazda adj. « proche, voisin » voir **nazdishta, nazdyah**.

nazdishtô adj. superlatif de **nazda** traduit *nazdîst* « le plus proche » ms. sg. nom. **nazdishtô** N. 27 ; pl. nom. acc. **nazdishta** *nazdîst* « auprès » T. 71.

nazdyah adj. comparatif de **nazda** mscl. sg. nom. **nazdyô** *nazdîktar* « plus proche » T. 58.

nadhésca ? pl. acc. *k-v-sh* N. 95.

nana ? voir **havatãm** N. 13.

nanetema traduit *gabrâ nîtûm*, lire **nâ nitema**, voir **nar** et **nitema** N. 86.

nabânazda voir le suivant.

nabânazdishta adj. superlatif de **nabânazda**, employé substantivement, traduit *nabânazdisht* « le plus proche parent » sg. nom. **nabânazdishtô** N. 13 ; acc. **nabânazdishtem** N. 9.

namravâc sg. nom. **namravakhsh** *âzât gavishn* « qui a des paroles nobles, généreuses » M. F. 8.

nar, nâ mscl. traduit *gabrâ* « homme » sg. nom. **nâ** T. 33, 35, 123 ; N. 11, 17, 22, 27, 37, 40, 65, 66, 67, 106, 108 ; traduit *zag î man* N. 4 ; voir **baoyô** ; traduit *zak* N. 30 ; avec encl. **nâca** T. 23 ; **nâ**, voir **nanetema** N. 86 ; et **nânitema** N. 90 ; **nâ** dans **haônâ**, traduit *zag gabrâ* (lire **haô** et **nâ**) T. 39 ; **kâ** (l. **nâ**) N. 104. ;

narô, forme de gén. F. Farh. 61 ; **na?** N. 92 ; dat. **nairi** N. 84 ; **naêrê** *gâbrâ-ân* F. Farh. 15 a et 16 ; acc. **narem** T. 38, 92, 107 ; gén. **narsh** T. 71, 84 ; F. Farh. 1 b, 9 ; avec enclitique **narshca** T. 89 ; voc. **nare** (**neregâ rayôish**, lire **nare zarayôish**) [v. **gar**] N. 19 ; duel nom. **narâ** N. 64 ; F. Farg 17 ; pl. dat. **nerebyô** T. 109 ; gén. **narãm** *gabrâ-ân* N. 10.

nara mscl. sg. nom. **barô** (lire **narô**) *gabrâ* N. 104 (Cf. F. Farh. 61).

narasca voir **barasca** N. 98.

narôiṭ (lire **barôiṭ**) voir **bar** (**paiti**) N. 65.

navata adj. *sûst* « faible, paresseux » M. F. 1.

navan nom de nombre, acc. **nava** « neuf » T. 8.

nasa adj. « qui détruit » superlatif sg. fém. acc. **nasishtãm** D. 2.

nasu fém. pl. acc. **nasush** *nasâî* « La nasu » T. 38.

nâ *ît jîvâk aîgh gabrâ, ît jîvâk aîgh ayav* « il y a des endroits où ce mot signifie *gabrâ* « homme » dans d'autres *ayav* « ou bien ». — Dans ce dernier cas il faut lire **vâ,** la ressemblance d'**n** et de **v** étant très grande en pehlvi M. F. 4.

nâiri fém. « femme » sg. gén. **nâiryâo** traduit *naîrîgân* N. 54. (Cf. **nâirika**).

nâirika fém. traduit *nisââ* ou transcrit *nâîrîk* « femme » ; sg. nom. **nâirika** N. 5, 6 M. F. 4 ; dat. **nâirikâi** (lire; **nâirikayâi**) N. 5 ; acc. **nâirikãm** N. 105 ; **nâirika** (lire **nâirikãm**) N. 6 ; gén. **nâirikayâo** N. 59 ; M. F. 4 ; avec encl. **nairikâosciṭ** (lire **nâirikayâosciṭ**) N. 59 ; **nâiryâo ?**) voir **nairi** ; pl. gén. **nâirikanãm** M. F. 4.

naêta neutre sg. instr. **naêtaciṭ** *lâ mandûm* « en rien » T. 122.

naoṅha fém. sg. nom. **naoṅha** *vînîk* « nez » T. 59.

nânitema traduit *gabrâ nîtûm*, ce qui prouve la lecture **nâ nitema** (voir **nâ** et **nitema**) N. 90.

nâfa mscl. sg. nom. **nâfô** *nâvak* « nombril » M. F. 10.

nâvaya adj. fém. sg. dat. **nâvayayâi, nâvayâi** *nâvtâk* « de rivière » N. 67.

nâyêiãtim lire **nâyayantîm** et voir **ni.**

ni adj. superlatif **nitema**, voir ce mot.

ni voir **nidâitica.**

niuruzda adj. sg. mscl. nom. **niuruzdô** *nyûruzd* « qui est dans la misère, dans la détresse » N. 17.

nighmata adj. sg. mscl. acc. **nighmatem** « venant » traduit *pun barâ zanishnîh* « par assassinat », d'où il semblerait que **nighmatem** signifie « assassiné », ce qui est contraire à l'étymologie. T. 33. (**ni** + **ghmata** part. pass. de **gam** « venir »).

nizentem voir **zam+ni**.

nitema adj. superlatif de **ni,** traduit *nîtûm* « le plus petit, le moindre », neutre sg. nom. **nitemciṭ** (lire **nitememciṭ**, se rapportant à **stare**) F. Farh. 9; **netemem** (lire **nitemem**) F. Farh. 9; instr. ou pl. acc. **nitema** « le moins » N. 106; **nitema** (voir **nânitema**) N. 90; **netema** (lire **nitema,** voir **nanetema**) N. 27, 86; **nistema** (lire **nitema**) N. 87; acc. **nitemem** T. 60; N. 31; duel cas oblique **nîtemaêibya** N. 180.

nitemciṭ voir **nitema**.

nidâiti traduit *dâtig* N. 67 (voir **ni** et **daiti**).

niyã adverbe « en bas », traduit en pazend *ké pa nagãni frôt vazet*, et en sanscrit nîcânnîcârin Aog. 60. (Cf. les formes comme **frañc**; **niyã** est sans doute l'abréviation de **niyañc**).

nivañti traduit *barâ g-v-p-înd* (lire *grif(t)ênd?*) N. 94. (D'une racine verbale indiquant l'action de mettre un vêtement).

nivâitish voir **paiti nivaiti.**

niwyêiti voir **bî+ni** (peut être lire **biwyêiti ?**).

nistema voir **nitema.**

nisrita neutre « action de confier » sing. abl. **nisritâṭ**

pun barâ apaspârishnîh N. 10 ; acc. **nisritem** *pun barâ apaspârishnîh*, glosé *barîn zamân kart* « il a fixé un rendez-vous » N. 10 (**ni+sri** ; cf. **anânisritem**).

nish hish cañtifratufrish, lire **nishhistanti** (voir **stâ** et **cañtifratufrish**).

nî verbe « conduire » act. part. prés. fém. sg. acc. **nâyêiãtîm** (lire **nâyayantîm**) *barâ yadrûnishnîh* « faisant passer » T. 68.

nukhturu adj. pl. loc. employé substantivement **nukhturushu** *pun nuhûftak* « en secret » N. 68. (Cf. **nakhturu**, *Vendidād*, Fargard VII, § 79).

nunc adverbe (l. **nû?**) « justement » N. 11.

nû adverbe *kûn* « maintenant » T. 94, 99.

netema voir **nitema**.

nemañh neutre « prière » sg. nom. **nemô** (voir **nemôhyaṭ**) gén. **nemañho** *pun nyâyishn* T. 49.

nemô hyâṭ « Soit hommage ! » ; commencement d'une prière N. 12.

nerega rayôish, lire **nere garayôish** (voir **râyoish**, **nar et ga**) N. 19.

noiṭ négation *lâ* « non, ne... pas » passim; négation prohibitive *al* « que ne... pas » N. 6, 16, 17, ; D. 3, 7.

nãzâo traduit *nazâyishn* « ? » N. 66,

nmâṭ voir **nmâna**.

nmâna traduit *mân* « maison »; neutre sg. abl. **nmâṭ** (lire **nmânâṭ**) N. 8 ; dat. **nmânâi** *khân* N. 95 ; acc. **nmânem** N. 8; gén. **nmânahê** traduit *ol mîhân* « au milieu » N. 1 ; *mân* N. 57, 78; loc. **nmânî** T. 22 ; **nmâne** D. 1.

nmânaya pl. instr. **nmânayâishca** *u-partak* « ? » N. 95 (dérivé du précédent).

nmânô-paiti adjectif « maître de la maison, chef de famille » mscl. sg. nom. **nmânô-paitish** traduit *mân patân* et *katak khûtâî* N. 5 ; fém. sg. nom. **nmanô-paitish** « maîtresse de maison » N. 6. (Cf. **nmâno-pathni**).

nmânô-pathni fém. sg. nom. **nmânô-pathni** *nisââ katak bânû* « la femme en tant que maîtresse de la maison » M. F. 5. (Cf. **demânô-pathni** et **nmânô-paiti**).

nmâno-bakhta neutre « pouvoir de chef de la maison » (litt. « pouvoir consistant en la maison ») sg. acc. **nmânô-bakhtem** *mân-bajishnîh* T. 95.

nyêtê mot non traduit en pehlvi et dont le sens n'est point connu.

P

paâoṅha voir **pâoṅha**.

paii voir **paiti**.

paiô voir **payaṅh**.

paiti préposition « sur » N. 100, 101; F. Farh. 1; *madam* « sur » N. 65, 68, 69, 91, 103; *lâlâ* « sur » N. 69; *od* « jusqu'à N. 86; *barâ* « en plus » N. 44, 45; « contre, en retour de » N. 17 (avec l'abl.); préfixe verbal T. 34, 79, 81, 90, 91; N. 7, 51, 54, 60, 66, 67, 69, 70, 72, 73, 74, 75, 81, 82, 83, 84, 96, 103, 108.

paiti adj. préposition employée adjectivement; pl. gén. **pâitinãm** *djût* « séparé, qui est à part » N. 64 (voir **paiti gaodana**).

paiti afrashâvayañṭ adj. sg. mscl nom. **paiti noiṭ afrashâvayô** *pun afrâj yadrûnishnîha, mat lâ yadrûnêt* « en action de ne pas porter en avant » N. 103. (Cf. **frashâvayô**; **a+frashâvayañṭ**, part. présent de **shu**, persan *shudan*).

paiti astica mscl. sg. instr. **paiti astica** *pun âstishnîh* « avec réception », glosé *amat gôsh yakhsanûnît* « quand il prête l'oreille » N. 22.

paiti astô vacaṅh adj. sg. mscl. **paiti astô vacâo** *pâtirish gavishn* « dont les paroles sont agréees » M. F. 9 (Cf. le précédent).

paiti-âp fém. sg. acc. **paiti-âpem** traduit *zag-î myâ* « le Patyab, eau bénite » N. 70.

paitiêtê datif de **paititi** traduit *patêt* « repentir, formule de contrition » M. F. 24.

paiti kaya trad. *pâtîmârakân* « ? » N. 54.

paiti gaodana adj. duel. mscl. nom. **paiticâ gaodana** *jût takôt* « qui ont des plats séparés » N. 64. (Cf. **paiti** et **gaodana**).

paiti zañti fém. pl. nom. (avec enclitique) **paiti zaintyasca** (l. **paitizañtayasca**) « sagesse? » T. 89.

paiti nivâiti fém. sg. nom. **paiti nivâitish** *barâ vicârishnîh* « délivrance » N. 84.

paitim voir **pitum**.

paiti ricya mscl. ou neutre sg. gén. **paiti ricyêihê** *pêtrîj* « abstinence, abandon » N. 55.

paitish préposition (développée de **paiti**); « sur, auprès de » traduit *madam* N. 26.

paitishâthrâo forme de fém. pl. de **paitishâthra** employé adv. **hvoishtô-paitishâthrâo** *mas tûkhshâk farmân dâtâr yahvûnêt* « le plus grand est énergiquement donneur d'ordre » F. Farh. 25.

paitishta sti lire **paitishtasti** (voir **stâ+paiti**).

paitéush voir **pitu**.

paityastôvacañh adj. sg. nom. **paityastôvacâo** *patîrishn gavishn* « dont les paroles sont agréées » F. Farh. 2 d. (Cf. *Afringân* I, 8, n. 3).

paityahmi = **paiti+ahmi** traduit *pun patîrak* « par devant » F. Farh. 10.

paityâdha *pasukh gavishn* « réponse » (voir **adh+paiti**).

paityâpi mscl. sg. abl. **paityãpôiț** traduit étymologiquement *patîrah î myâ*, ce mot ayant été décomposé en **paiti+âp** « le *Padyâv* ou eau sainte ». (Parsi *pâdyâb*, *pâdyâp*, *pâdyâv*).

paityâ-pôiț voir **paityâpi**.

paityâpta part. passif de **ap+ paiti** *bârâ âyâft* « qui a atteint », ou lire **paityâpa** « l'eau sainte » ? N. 48.

paibarô voir **paiti bârô** sous la racine **bar**.
pairi adverbe et préposition, *akhar* « ensuite » passim; préfixe verbal N. 7, 16, 17, 32, 46, 48, 49, 62, 95, 103, 105.
pairi akhta voir **vac+pairi**.
pairi arethra neutre pl. acc. **pairi arethra** *dâtistân min srav* « jugement résultant des textes » F. Farh. 47.
pairi urusvaitish traduit *î-tâpîg* « ? » N. 92.
pairi geremya neutre sg. dat. **pairi geremyâi** « action de prendre » traduit *madam vakhdûnêt*, litt. « il prend » N. 105.
pairithwa adj. traduit en pazend *vadargmandî* et en sanscrit parikramanya « franchissable » sg. mscl. nom. **pairithwô** Aog. 77, 78, 79, 80, 81. (Cf. **apairithwa**).
pairishta adj. sg. neutre acc. **pairishtem** *nikîrîtak* « bien considéré » F. Farh. 26.
pairishtaṅhara adj. pl. mscl. nom. *madam horvastan ?....* N. 56.
pairyaokhta mscl. ou neutre sg. inst. **pairyaokhtaca** *madam gavishnîh-ic* « et par la parole » glosé *amat yamallûnêt* « quand il parle » T. 123.
paurva voir **paourva**
paêsa sg. nom. **paêsa** *pêsak* « lèpre » M. F. 24. (persan *pîs*, *pîsî*).
paoithya voir **paoirya**.
paoiri adj. sg. mscl. nom. **paoirish** *pûr-i* « le premier » N. 98. (Cf. **paoirya**).
paoiri-ravakhsha voir **paouru-fravakhsha**.
paoirya adj. *fartûm* « le premier » sg. mscl. nom. **paoiryô** N. 2, 72, 82; instr. **paoirya** N. 102; *puṅ farêt* (lire *fartûm*) N. 105; dat. **paoiryâi** N. 105; gén. **paôiryêhê** *pun ratûm* (lire *fartûm*) T. 7. (Cf. persan *pîr* « vieux, ancien »).
paouru, voir **paouru fravâkhsha**. (Cf. **paoiri**).
paouru fravâkhsha ad. *pûr tâk* « qui a des branches nombreuses » sg. mscl. **paouru-fravakhshem** N. 98;

paoiri-fravakhshô (lire **paouru-fravakhshem,** faute amenée par le voisinage de **paoirish**) N. 98.

paourusha gaona adj. sg. mscl. acc. **paourusha-gaonem** *pîr môî* « qui a des cheveux de vieillard, des cheveux blancs » M. F. 6. (Peut être « qui a beaucoup de cheveux »). (Cf. **paouru gaona, vôhu gaona, hugaona**).

paourva mscl. sg. nom. **paourvô** traduit *paurunê* « passeur »? T. 68. (Cf. James Darmetester *Zend-Avesta*, Tome II, p. 382, n° 72).

paourva adj. 1° « nombreux, en grand nombre » sg. mscl. nom. **paourush** *kabad* T. 101 ; pl. mscl. gén. **paôurunãm** *min kabadîn* N. 13 ; 2° *pêsh* « antérieur » sg. neutre acc. **paourum** N. 44; instr. employé adverbialement **paurva** (lire **paourva**) *pêsh* « devant » M. F. 1.

paourvya adj. sg. acc. **paourîm** *fartûm* « le premier » M. F. 1 ; loc. **paouraya** *pêsh* « sur la partie antérieure » M. F. 1. (Cf. **paouru, paourva**).

paosh traduit *pûtak* « pourri » (lire **paosha ?**) M. F. 24.

pac verbe « faire cuire ».

hãm passif part. sg. mscl. acc. **hãm pukhdhem** *ol ham pazad* « cuit » N. 67.

pañcadasa nom de nombre « quinze » pl. nom. **pañcadasa** F. Farh. 62.

patatha 3e personne pl. d'un temps secondaire de **pat**; **thrigami añtare anañtare atha añtare patatha :** *3 gâm andarg ravishnîh dar andarg pun anandarg ravishnîh ô andarg* p-sh-î-n *ashnîk* ? (Cf. la phrase zende suivante ou le verbe a été omis par le copiste et qui est traduite *amat dar sâtûnêt ayav dar* p-sḥ-a-n-c-*êt*).

patush voir **pitu**.

pat verbe « tomber » moy. prés. ind. pl. 3 **pateñta** *patînêt (aîghash barâ patêt)* « elles retombèrent » F. Farh. 32.

path verbe act. ind. prés. sg. 3 **pathayêitî** *pâtakhshâh yahvûnêt* « il peut, il a droit à.., » N. 105 ; moy. part. prés. **pathâna**. (Voir ce mot).

pathan neutre traduit en pazend *râh* et en sanscrit marga « route, voie » sg. nom. **pañtaô** Aog. 77, 78, 79, 80, 81 ; pl. acc. **patha** N. 9 ; **pañtâo** D. 2.

pathâna adj. sg. masc. nom. **dathânô** (lire **pathânô**) *shabkûnân* « couché » T. 10 ; N. 37. (Cf. **paidhyamnô** opp. à **hishtô**, Yasht I, § 17).

padha mscl. sg. acc. **padhem** *pâî cîgûn 14 angûsht* « pied (mesure de longueur) valant 14 doigts » M. F. 43.

pañti lire **hañti** et voir **ah** N. 34.

pafraêta *sâtûntan î vakhsh î afâm yahvûnêt û tanî shapîr afzûnîk min parvarish yahvûnêt ?* M. F. 40.

payañh neutre *pîm* « lait » sg. nom. **paiô** M. F. 24 ; gén. **payañhô, payañhaca** (lire **payañhasca**) N. 59 ; *talbâ* N. 67 ; pl. inst. **pasuyébish** (lire **payébish**) N. 57 ; gén. **payañhãm** N. 66, 67.

par verbe « amasser » parf. sg. 3 **pafrè** *ambarêt* « il amasse », glosé *aîghash karfak anâ tanâfûhr î kart.*

par verbe act. ind prés. sg 3. **paryêiti tanûm paryêiti** *barâ tanâfûhr yahvûnêt* « il devient coupable du péché de tanafuhr, il devient Peshôtanu » N. 41, 42, 43 ; **tanûm pareyêiti** *tanâfûhr yahvûnêt* N. 41 ; **pairyêti** N. 43 ; moy. ind. prés. sg. 3 **tanum pairyêtê** *tanâfûhr* F. Farg. 60 ; **tanum parayeitê** *tanâfûhr yahvûnêt* (*margarzân*) N. 7.

apa act. ind. prés. sg. 3 **tanûm apa pairyêitî** *barâ tanâfûhr yahvûnêt* « il devient Peshotanu » N. 42.

paiti moy. ind. prés. sg. 3 **paiti tanûm parayêitê** *tanâfûhr yahvûnêt, margarzân* **paiti tanûm parayeitê** *barâ tanâfûhr yahvûnêt* N. 7.

par verbe act ind. prés. sg. 3 **pareiti** *patkârêt* » il discute N. 13. (Cf. **pareñti**).

â moy. part. prés sg. mscl. dat. **aperemnâi** (lire **âperemnâi**) *patkârêt* « discutant » N. 13.

paiti causal act. ind. prés. pl. 3 **paiti parayañti** *barâ farnâmînd* « ils rendent hommage » N. 96.

par verbe « s'en aller, partir » causal actif subj. imp. sg. 3 **pârayâṭ** N. 5; *barâ sâtûnât* N. 1; *barâ âi sâtûnét* N. 5, 80 ; *sâtûnât* N. 3.

para 1° préposition *pêsh* « avant » N. 5, 46, 48 ; 2° préfixe verbal marquant l'éloignement T. 71, 87; N 8, 11, 50, 63.

parañhaiti voir **hac+para** N. 7.

parajiti fém. sg. acc. **parajitim** « erreur » D. 2.

para pa(s)caiti *akhar* « ensuite, après » N. 9 (**para+pascaiti**).

para vayêô voir **para vaêdha.**

para vaêdha mscl. sg. nom. ? **para vayêo** (lire **para vaêdhô**) *barâ padtâkîh* « visibilité » N. 8 (régissant l'acc. comme le verbe dont il dérive).

parâonti fém. sg. gén. **parâoñtyâo** *ozlûnishn-î vîn* « expiration par le nez de l'air qui a servi à la respiration » M. F. 8.

parâca voir **âcaparâco** N. 4; traduit *pêsh* « en avant » N. 68.

parâta fém. *pûrsishn* « demande, interrogation » M. F. 24.

pari adverbe *fârtûm* « d'abord, avant » N. 70.

pareñti fém. pl. loc. **pareñti** (lire **pareñtishu**) *patkâr* « discussion » N. 13. (Cf **par**, discuter).

paresu traduit *pâhlûk* « côte, partie du corps de l'homme » M. F. 10.

parô 1° préposition augmentative traduite *mas*, litt. « grand » N. 29 ; 2° adverbe *pêsh*, « en avant, d'abord » N. 32, 101 ; D. 6.

parshva fém. sg. nom. **parshva** *parahspak* « neige » M. F. 19.

pasan, pasâna mscl. nom. **pasânô** *sînak* « sein, poitrine » M. F. 10.

pasu mscl. sg. nom. **pasushca** *pêsh* « troupeau » acc.

pasûm « tête de bétail » N. 67 ; gén. **pasvô** *pâh* « tête de bétail » N. 65 ; pl. nom. **pasvô** F. Farh. 62.
pasuyébîsh voir **payañh.**
pasu vastra neutre pl. gén. **pasu vastranãm** *pâs vastarg* « peau de bête » N. 58 ; *pâh-vastrag* M. F. 6.
pasushurvân, pasûshûrûn « chien de berger » *cîgûn sardâr shôpân karîtûnd yahvûnêt* M. F. 40. (Cf. **pasushaurva**).
pasca adverbe *akhar* « après, ensuite » N. 7, 32, 48, 87, 95, 103.
pascaita adverbe *akhar* « après, ensuite » N. 4, 46, 50. (Cf. **pascaêta** et le suivant).
pascaiti *akhar* « après, ensuite » N. 9, 11, 14, 42. (Cf. **pascaêta** et **pasca**).
pascaêta adverbe *akhar* « après cela, ensuite » T. 39, 82.
pashna mscl. neutre sg. acc. **pashnem** *pêsh î cashm* « paupière » M. F. 8.
pâ verbe « protéger » imp. pl. 2 **pâta** *nâtrûn* « gardez, protégez » M. F. 24.
paiti causal moyen part. redoublé sg. mscl. nom. **paiti pâpayamnô** *barâ âhancâî* « se regardant » T. 34.
pâipithwãm lire **pâpithwãm** N. 64.
pâiptvãm lire **pâpithwãm** N. 64.
pâoishesta adj. superlatif sg. neutre nom. **paôishesh-temca** *pûtaktûm* « le plus immonde » T. 93.
pâoñha mscl. ou neutre sg. instr. **paâoñha** (lire **pâoñha**) *âfrâs (dastôbârîh)* « commission, mandat » N. 1 (voir **hazaoshyâpaâoñha**).
pâthâo lire **gâthâo** et voir **gâtha** N. 29.
pâdhañuhañt adj. sg. acc. **pâdhañuhañtem** « qui reçoit une rémunération en argent » traduit *mizd arjânî-kîhâ* « rémunération en argent » M. F. 40.
pâpithwa fém. traduit *pît pûkht* « nourriture cuite, dîner » sg. nom. **pâpithwa** N. 62 ; acc. **pâpithwãm** N. 64 (de **pitu**).

pâra neutre sg. nom. acc. **pârem** *afâm* « dette » M. F. 24, 40.

pârañtara adj. sg. neutre acc. **pârañtarem** *parantar* « qui est en dehors » N. 12.

pâraya thème verbal voir **par**.

pâresmânâi voir **pares**.

pitu mscl. « viande non cuite, opposé à **pâpithwa** » sg. nom. **patush** (lire **pitush**) *pît* N. 57; acc. **paitim** (lire **pitum**) N. 67; D. 1 (servant de nom); gén. **paitéush** (lire **pitéush**) *pît u bôr* N. 66.

pithwãm voir **pâpithwa**.

pishotanush faute pour **peshotanush**.

pîsa neutre pl. acc. **pîsa** *pasishn?* glosé *cabûn (zahabâ u sîm, khvâstak)* « richesse en or et en argent » T. 90.

pukhdha adj. numéral « le cinquième » sg. mscl. acc. **pukhdhem** *panjûm* N. 82, 87; instr. **pukdha** *pun farêt*, traduit comme **paoirya** au même paragraphe N. 105; *pun panjûm* N. 102.

pukhdha voir **hãm pukhdha** et **pac**.

puthra mscl. *barâ* « fils, enfant » nom. **puthrô** F. Farh. 40; acc. **puthrem** D. 7; gén. **puthrahê** N. 54; D. 7; pl. nom. **puthra** F. Farh. 27.

pûsa fém. sg. acc. **pusãm** *avarsar* « couronne » M. F. 24 (voir **pîsa**).

perena neutre sg. dat. **perenâi** *patkâr* « dispute » M. F. 24. (Cf. **par** et **paremna**).

perenâiu voir **perenayu**.

perenayu mscl. *pûrnâk* « adulte » sg. nom. **perenâyush** *pûrnâk amat êvak* « adulte quand il y en a un seul » M. F. 4; duel. cas direct **perenâiu** (lire **perenâyu**) M. F. 24; **perenâyu** *amat 2* « quand il y en a deux » M. F. 4; pl. nom. **perenâvayâo** *afrigân* « les grands » M. F. 24 (Hoshanji voit à tort dans ce mot *âfrîgân* « qui signifie bénédiction »); gén. **perenâyûnãm** *amat 3* « quand ils sont trois (ou plus) » M. F. 4.

peremna adj. mscl. sg. dat. **peremnâi** *pathârdâr* « qui poursuit, qui dispute » F Farh. 160. (Cf. **par, perena** et **âperemna**).

peres verbe « demander » act. ind. prés. pl. 3 **pereseñti** *hampasand* (lire. *hampûrsand*); moy. prés. subj. pl. 3 **peresâoñtê** *hampûrsînd* T. 100.

paiti moy. part. prés. sg. mscl. dat. **paitica pâresmanâi** *lakhvâr pûrsîtâr* « celui qui interroge » glosé *nîrang khavîtûnêt* « il connait les Nirangs » N. 84. (**paiti peres** est le verbe technique pour désigner la connaissance des Nirangs).

pesâoñtê voir **pares.**

peshotanu mscl. « celui qui s'est rendu coupable d'un crime inexpiable » sg. nom. **peshotanush** traduit *tanâfûhr yahvûnêt*, litt. « il commet le péché d'un tanafûhr » N. 44; F. Farh. 60.

pêvâcim *patmân gavishn* « paroles bien pesées, justes » N. 14.

pôiṭ vair **paityâpi.**

pôisôiṭ voir **is+upa** N. 109.

Pourushaspa nom. **Pourushaspô** F. Farh. 27; acc. **Pourushaspem** D. 4.

pãm sg. acc. d'un theme **pa** trad. *pânak* « qui protége » F. Farh. 59 (de la racine **pâ**).

pãsanu voir **pãsnu.**

pãsnu fém. traduit en pazend *khâk* et en sanscrit paṁsur « poussière » sg. nom. **pã·hnush** Aog. 84; *afrā* M. F. 24.

pfrê lire **pafrê** et voir **par.**

prâca voir **paraca** N. 68.

F

fedhri *abîtar* « père » M. F. 26.

fr voir **yâvâṭ** N. 46.

fra voir **frashaimnô** N. 37.
fra voir **frâ**.
frauâkhsh *srav* « corne », glosé *cîgûn nâkhûn* « comme l'ongle ». (Cf. **fravakhsh** qui a un sens tout différent) M. F. 10.
fraurvaikhti fém. sg. instr. **fraurvaikhti** *frâj rânôkîh* « pour le plaisir » N. 84 ; dat ? **fraurvaêrkhtê** (lire **fraurvaikhti**) N. 83.
fraurvaêsyô *frôt vâsht yakôyamûnêt.*
fraôiritara adj. sg. neutre abl. **fraôiritarâț** *min frôttar* (traduit comme un comparatif par le pehlvi) « de la plus inférieure » N. 58.
fraôreț (de **fra+var**) *farnâmishn*, voir le mot suivant.
fraôreț frakhshan neutre sg. loc. **fraôreț frakhni** (lire-**frakhshni**) *farnâmishn î kabad* « d'une conviction fervente » T. 62.
fraka neutre sg. acc. **frakem** *frakhv gâm* « la tige oblique du Baresman » N. 74.
frakana fém. traduit en pazend *frâj kaneshn* et en sanscrit khânika « action de creuser « Aog. 66 (Cf. persan *khân*, *âbkhân* « source », *kad* « la chose creusée, dont on creuse les fondements, maison », et l'arabe *khandak* « fossé » emprunté au persan.
frakereiti fém. sg. acc. **frâkereitîm** « qui met en pièces » D. 2.
frakhni voir **frâoreț frakhni**.
fragati fém. sg. abl. **fragatôiț** *frâj yamtûnishnîh* « arrivée, action de venir » F. Farh. 67 (**fra+gam**).
fracaratô voir (**fra+car**).
frazusha adj. mscl. sg. nom. **frazûshô** *frâj khvâstak* « désirant » (**fra+zush**).
Frazdanava nom d'une rivière dans le Séistan, acc. **Frazdânaom**, traduit *frazat* (*î pun Sagastâñ*) F. Farh. 44.
frataurune fém. acc. pl. **frataurunâosca** *frâj vakhdûnishnîk* (glosé *bûn*) « commencement » N. 40.

frataňh mscl. neutre traduit *pâhnâî* « largeur, épaisseur » (voir **yavô frathô**).

frataṭ careṭ adj. sg. dat. **frataṭ caretê** *tôjâk* (lire *tajâk*) « courant, qui coule » N. 66.

fratara adj. sg. fém. acc. employê adverbialement **fratarãm, fratarãn** *frâjtâr*, *frâjtûm* « en face de » N. 80.

fratufrish voir **ratufrish.**

fratufrya voir **ratufrya.**

frathaňh voir **yavô frathaňh.**

frathya voir **yavô frathya.**

frathrâthvayô lire **frasravayô** voir **sru+fra.**

fradakhshtana fém. sg, acc. **fradakhshtanãm** *karsang u kapîn* « pierre de fronde » T. 34. (Cf. **fradakhshana**, *Vendidad*, Fargard XVII, § 9, et le persan *falâkhun*).

fradatha neutre sg. acc. **fradathem** *frâdâhîshnîh* « prospérité » F. Farh. 13.

fradarayôiṭ (voir **dar+fra**) N. 67.

fradarishti fém. sg. loc, **fradarishtaciṭ** *pun frâj yakhsûnishnîh* « dans l'action de tenir » N. 67.

fradhâitya adj. sg. acc. **fradhâitîm** « excédent » N. 53.

fradhâo voir **fradhâo draonaňh.**

fradhâo-draonaňh adj. sg. mscl. nom. **fradhâo-draônô** *frâdât-sûr* « qui a une nourriture excessive » N. 30.

frabaravaṭ voir **bar+fra.**

fraberetar mscl. *farbartâr* « nom d'un prêtre dans le sacrifice mazdéen complet » ; sg. nom. **frabareta** N. 67 ; **frabereta** N. 82 ; gén. **frabaret arsh** N. 74, 79, 81.

framani fém. sg. acc. **framanîm** *farmân* « autorité, ordre » T. 96.

frayaňh adj. au comparatif pl. gén. **frayaňhãm** *farpî* (lire *frâî*) « de plus, en plus » N. 65 (Cf. **frayaňh**).

frayaêra adj. « matinal, qui a rapport au matin » **fray**

aêrê ayãn est traduit en parsi *fardâ* et en sanscrit antarasmin divase Aog. 53.

frayara neutre *frâyâr* « la matinée ». sg. dat. **frayarâi** N. 47 ; abl. **fryâraṭ** (lire **frayarâṭ**) N. 46.

frayare neutre sg. nom. *mâhar* « matinée » M. F. 16.

frayarena neutre sg. loc. **frayarena** (lire **frayarane**) *pun frâyâr* « dans la matinée » N. 9.

fravaitya fém. sg. pl. gén. **fravaityanãm** *frâj dâtistân* « jugement » N. 54.

fravahhsh mscl. sg. nom. **fravakhshô** *tâk* « branche » N. 98 (voir **frauâkhsh, fravâkhsh, pouru fravakhsh et paoiri fravakhsh**).

fravashâimnô lire **fra vâ shâimnô.**

fravashi fém. pl. acc. **fravashishca** *frôhâr* « Les Fravashis » N. 70.

fravâkhsh *kîr* « le membre viril » M. F. 11. (Cf. **fravakhsh** et **frauâkhsh**).

frasasta *frâj afrigânîh* « glorification » M. F. 26 (voir **saṅh+fra** et **frasasti**).

frasasti fém. sg. dat **frasastayaêca** *frâj âfrîgânîh* « glorification » N. 81.

frastairi fém. pl. nom. **frastaraityô** (lire **frastaraitayô**) *vistârishnîh* « action de lier le Baresman » N. 102.

frasraoshya mscl. sg. gén. **frasraoshyêhê** *frâj nyôkhshishnîh* « récitation » N. 20.

frasravayañṭ adj. sg. mscl. nom. **frasrâvayô** *frâj âi srâyat* « chantant » N. 16 ; **frathrâthvayô** (lire **frasrâvayô**) *pun frâj srâyishnîh* N. 104). Part. prés. actif de **sru+fra**).

frash verbe act. ind. prés. pl. 3 **frâsheñti** *hâm pursînd* « ils s'enquièrent » T. 100.

frasha lire **frâ** N. 71.

fra shâimna adj. sg. mscl. nom. **frashâimnô** *ryân* « faisant des ordures » N. 37 (Voir **fravashâmnô**; cf. **shâma**).

frashâvayo voir **shu+fra**.

frashumañt̰ adj. pl. fém. acc. **frashumaitîsh** *pun yazlûnishn* « mobile » T. 124 (de **shu+fra**).

frashôcarethra mscl.pl.nom.**frashocarethrâo** « ceux qui font la résurrection du monde » traduit en pazend *frashôgarkardâr* et en sanscrit akhshayakârinaḥ Aog. 69. (Cf. **frashâ** « qui marche en avant » et **frashôkereti** « action de faire la résurrection »).

frashûiti fém. *fraj-azalûnishnîh* « action de s'en aller, marche en avant » sg. nom **frashûitish** N. 103 ; abl. **frashutôit̰** T. 39 (**shu+fra**).

frashôshô mãthrahê voir **fsushômãthra**.

frashañciñtare *amat pun nikîrishn* « quand on regarde » N. 68.

frashna mscl. ou neutre sg. acc. nom. **frashnem** *kûmîk* « testicule » M. F. 10.

frâ 1° adverbe *frâj* « devant, en avant N. 19, 71 ; **frâma** (lire **frâ me**) N. 19 ; **frasha** (lire **frâ**) N. 71. 2° préfixe verbal, passim, également écrit **fra**.

frâ verbe moy prés. ind. sg. 3 **frâitê** traduit étymologiquement *farnâmît* et glosé *barâ yadrûnêt* « ilapporte » N. 50.

frâizi fém. pl. acc. **frâizish** *frâj yazbakhûnishnîh* « action de célébrer une cérémonie » : **yasnem frâizish** « action de célébrer le Yasna » N. 40 (**yaz+fra**).

frâkeresta part. passif de **fra+karet̰**, (verbe qui indique la création démoniaque traduit *frâj khrânît* « crée » Aog 57 (le *kh* de *khrânît* n'est pas étymologique).

frâti fém. sg. nom. **frâtish** *rat farnâmishnîh* « offrande » glosé *âtesh û âpân* « feu et eau » N. 48.

frâtema adj. sg. neutre dat. **frâtemâi** *frâjtûm* « qui est à l'avant » N. 70.

frâma lire **frâ mê** (**fra+mê**).

frâmrûiti fém. sg. instr. **frâmrûiti** *frâj gavishnîh* « réponse » N. 13.

frâyah adj. comparatif pl. mscl. nom. **frayañhô** *frâi* « plusieurs » T. 99 (cf. **frayañh**).

frâyô-hvarshta adj. traduit *frâhû varsht* « riche en bonnes actions. » sg. mscl. nom. **frâyô-hvarshtô** T. 23 ; gén. **frâyô-hvareshtahê** T. 89.

frâyô-hûkhta adj. traduit *frâhûkht* « riche en bonnes paroles » sg. mscl. **frâyô-hûkhtô** T. 23 ; gén. **frâyô-hûkhtahê** T. 89.

frâyô humata adj. trad. *frâhûmat* « riche en bonnes pensées » sg. mscl. nom. **frâyô humatô** T. 23 ; gén. **frâyô humatahê** T. 89.

frâra voir **ar+fra.**

frâraithya neutre pl. acc. **frâraithya** *frâj dâtistân* « opération de justice » F. Farh. 15 c.

frârâiti fém. sg. nom. **frârâitishca** traduit *frât* (lire *frâj*) *râtîk* «libéralité» instr. **frârâitî** (**frâ+â+râiti**).

frârâdha mscl. pl. acc. **frârâdhâ** *akhar angûsht* « le petit doigt » M. F. 10. (Cf. **araza**).

frâ vakhshara adj. duel mscl. instr. **frâvakhsh-naêibya** *srûbîn* « en plomb » N. 37.

frashmô dâiti voir **hufrashmôdâiti.**

frî verbe « bénir ».

â moyen part. prés. sg. nom. **âfrimnô** « celui qui récite la bénédiction » N. 12.

frî verbe.

paiti act. ind. imp. sg. 3 **paiti frayaṭ** *â-madam farnâmît* « il apportera... ? » N. 103.

f[r]iishô voir **rat[u]** N. 60.

friti fém. sg. gén. **fritôish** *farnâmishnîh* « adoration » N. 19. (Cf. **ratufriti**).

frinayañtema adj. *frâj azlûn* « qui va en avant » N. 70.

fru verbe « labourer » act. ind. prés. sg. 3 **fravaiti** *afrôkht* « il laboure », ou part. prés. fém. « labourant » N. 17. (Cf. allemand pflug).

frôiṭ adverbe **frâ+iṭ**, voir **frôiṭ varê** N. 6.

frôiṭ vare mscl. neutre sg. loc. **frôiṭ varê** *sarîtûntan dûshâmar* « cohabitation illégitime » N. 6. (Cf. **varena** luxure).
frya mscl. *dôst* « ami » sg. nom. **fryô** T. 23 ; acc. **frîm** T.22.
fshu traduit *pêsh* « devant ? » peut être faut-il lire le pehlvi *pas* d'où le sens de « troupeau ».
fshuta traduit *panîr* « fromage » M. F. 26.
fhûshô mãthra mscl. sg. gén. **frahôshô-mãthrahê** transcrit *fsushn mânsar* et glosé *tât sûtishn* « c'est-à-dire le **taṭ saoidhish** » N. 22. (Cf. *Yasna*, Hâ 58).
fshyô *akhar* « après, ensuite » M. F. 19 ; traduit *pashû-îshn ?* M. F. 26.

B

baê nom de nombre « deux » forme corrompue de **dva** M. F. 28.
baêshaza *bêshâzînishnîh* « remède, médecine » M. F. 28.
baourva sg. nom. **baourushca** ? N. 91 ; **uru baourushca** semble traduit *barishn* (lire *bûryân*). (Voir James Darmesteter, *Zend-Avesta*, Tome III, p. 137, n.3).
baodhaṅh neutre « sens, sensation » sg. nom. **baodhô** (pour l'instr.) **baodhaṅha** *lvatâ bûn* (lire *lvatâ bôd*) N. 59 ; gén. **baodhaṅhô** traduit *vînak* litt. « celui qui sait, qui voit » M. F. 28 ; pl. acc. **baôdhasca** *bôd* T. 71.
baodhajaṭ « nom d'un crime ». Forme parsie introduite en zend M. F. 32 (voir **baodhôjaiti**).
baôdhô-jaithi fém. « coup donné à un animal » sg. nom. **baodhô-jaithish** transcrit *bôtôkzatîh* N. 67.
baodhô-varshta neutre sg. gén. **baodhô-varshtahê** *bôtyôk varsht* « nom d'un crime » M. F. 32 glosé en pehlvi *cîgûn vînâkîhâ zat yahvûnêt u madam zatan u tôpâh kartan î mandûm î nîkîrishnîh vêsh yamallûnêt pun kadbâ gavishn apârîk vinâshêt nikîrishnîk*

takâyad u gôyad va kâstârîh ash obdûnand bodyôzat M. F. 32, 33.

baosha mscl. neutre acc. **baoshem** *bôjishn* « action de délivrer, délivrance » M. F. 28.

baôyô traduit *gabrâ* lire **nâ yô** ? ou **bâdhyô** ? dont le superlatif est **bâdhishta**; dans ce cas **bâdhyô** n'est pas traduit et *amat gabrâ* répond au premier **yô** N. 4. (voir **bâdhyô**).

bakhta neutre sg. acc. **bâkhtem** *bôjishnîh* « pouvoir » (voir **nmânô, vîsô, dañhu**) T. 95.

bakhsh verbe traduit en pehlvi *khalkûntan* « partager, diviser » actif imp. ind. sg. 3 **bakhshaṭ** *khalkûnît* F. Farh. 13; causal imp. subj. sg. 3 **bakhshayâaṭca** *khalkûnît* N. 76.

bajanâo, bajinô voir **raêthwa bajin** N. 66, 67.

bazda adj. pl. mscl. nom. **bazdâ** *vîmâr* « malades » N. 56.

bañta adj. pl. fém. **bañtâo** *vîmâr* « malades » M. F. 28.

bañda ou **bañdañh** pl. nom. acc. **bañdâo** *band* « liens »

badhra voir **hubadhra**.

bar verbe « porter, apporter » act. ind. prés. pl. 3 **baraiti** (forme de sg.) *barâ yakôyamûnd*; litt. « ils se tiennent » N. 100; *uftînd* N. 100; *aî yadrûnêt* « ils portent, ils sèment » N. 101, 64; act. imp. prés. sg. 2 **bara** *yadrûn* « apporte » N. 105; pl. 3 **beretãm** traduit en sanscrit dadantâm « qu'on apporte » Aog. 16; opt. sg. 3 **barôiṭ** *aî yadrûnêt* « qu'il porte, il portera » N. 69; *yadrûnêt* N. 71; subj. prés. sg. 3 **barâiti** *aî yadrûnêt* N. 69; duel 3 **barâtô** *aî yadrûnêt*; **mbarâtô** (lire **barâtô**) **barâṭ** *yadrûnêt* « qu'ils apportent tous les deux » N. 64; subj. imp. sg. 3 « il apportera » N. 65; moyen subj. prés. sg. 3 **barâitê** (pour le duel) *yadrûnand* F. Farh. 17; prés. part. sg. mscl. **barô** *yadrûnêṭ* (voir **bar+vi**) N. 98; part. prés. mscl. sg. nom. **baremnô** *yadrûnân* « allant à cheval » T. 10; N. 37; dat. ? **baremnê** *bûrt yakôyamûnt* T. 47.

ava actif ind. prés. pl. 3 **ava bareñti** *lvatâ yadrû-nêt* « ils mettent, ils passent un habit » N. 93 ; *madam tamman aî yadrûnêt* « ils portent, ils sément « N. 101 ; subj. imp. sg. 3 ; **avabarâṭ** *barâ yadrûnât* « il deposera » N. 65 ; moyen imp. ind. pl. 3 **ava baretãm** (lire **ava beretãm**) « qu'on cueille » F. Farg. 36.

â act. ind. prés. sg. 3 **âbaraiti** *yadrûnêt* « il porte » T. 43 ; subj. imp. sg, 3 **âbarâṭ** *aî barêt* « qu'il apporte » N. 77.

upa act. ind. prés. sg. 3 **upabaraiti** *aî yadrûnêt* « qu'il porte » N. 103 ; part. prés. mscl. sg. nom **upabarô** *pun madam yadrûnishn* « portant » N. 108.

us act. ind. prés. pl. 3 **uzbareñti** *min azîr nêmak lâlâ yadrûnt* « ils mettent de bas en haut » N. 93.

paiti act. ind. prés. sg. 3 **paiti baraiti** *madam yadrû-nêt* « il apporte » N. 60, 69 ; pl. 3 **paiti bareñti** « on apporte » N. 54 ; *barâ vakhdûnêt* N. 103 ; opt. sg. 3 **paiti barôiṭ** *aî yadrûnêt* « qu'il porte » N. 69 ; *madam aî yadrûnêt* « qu'il porte » N. 70 ; **paiti narôiṭ** (lire **paiti barôiṭ**) N. 65 ; subj. prés. pl. 3 **paiti barâoñti** *madam yadrûnêt* N. 4 ; subj. imp. sg. 3 **paiti barâṭ** *madam aî yadrûnêt* « qu'il apporte » *frôt yadrûnêt* « on atteindrait » ; *patîrak yadrûnêt* « s'il porte de niveau » T. 80 ; *madam yadrûnât* « qu'il apporte » N. 66, 67, 103 ; part. prés. mscl. sg. nom. **paiti barô** *frâj yâdrû-nêt* « (est) apportant » N. 67 ; *pun apar yadrûnishnîh* N. 103, 106 ; *pun apar barishnîh* N. 108.

paiti ava moy. ind. prés. sg. 3 **paiti-ava-baraitê** *frâj yadrûnêt* « il porte au-dessous » T. 81.

pairi act. ind. prés. pl. 3 **pairibareñti** *madam yadrûnd* N. 95.

para act. ind. prés. sg. 3 **parabaraiti** *barâ yadrûnêt* « il apporte » N. 63.

fra act. opt. sg. 3 **frabarôiṭ** *frâj yadrûnêt*, *frâj aî yadrûnêt* « qu'il apporte, il apportera » N. 68 ; subj.

imp. sg. 3 **frabarâṭ** *frâj yadrûnêt* « il apporterait » T. 36; **frabaravaṭ** (lire **frabarâṭ**) *frâj barishn ômand* N. 71 ; moy. ind. prés. sg. 3 **frabaraitê** *frâj yadrûnêt* « il apporte, il offre la libation » N. 48.

vi act. subj. imp. sg. 3 **vîbarâṭ** *barâ yadrûnât* « qu'il introduise » N. 108; part. prés. **vibarô** *amat barâ yadrûnêt* N. 98, 99; **vînarasca** (lire **vîbarasca**) *amat barâ yadrûnât* N. 98.

bara voir **apa**, **aya** (lire **apabaraya** ;cf. **aghaurvaya** « emporté ») N. 54.

barañṭ mscl. sg. nom. **barô** « porté à cheval » N. 37. (Fragment du *Vendidad* VI, 26).

barana voir **zaothrô-barana** N. 66.

barez adj. « haut, élevé » comparatif neutre nom. **barezyô** *pun bûlandîh* « plus haut » T. 41.

barethra fém. sg. nom. **barethra** *bûrtâr cîgûn âpistân* « celle qui porte en tant qu'enceinte » M. F. 78.

barethri fém. sg. nom. **barethri** *nisââ amat varômand* « la femme quand elle est enceinie » M. F. 5.

baresca (lire **baresmaca** et voir **baresman**) N. 71

baremna adj. sg. nom. **baremnô** *yadrûnân* « allant à cheval » T. 10 ; N. 37 (Part. présent moyen de **bar**.)

baresca avibaresca (lire **avîbarasca**) *amat lâ yadrûnêt* « quand il ne porte pas » N. 98.

baresman neutre traduit *barsôm*, « le Baresman » sg. nom. **baresma** N. 69, 70 ; instr. **baresmana** N. 90, 108 ; dat. **baresmainê** N. 69 ; **baresmê** N. 70 ; acc. **baresma** N. 60, 89, 98, 99, 100, 101, 102, 103, 104, 105; avec enclitique **baresmaca** N. 60, 68 ; **baresmaciṭ** *barsôm îc-k-a-i* N. 69 ; pl. acc. **baresman** N. 62, 70, 79, 97, 102, 103; avec enclitique **baresmãnca** (tenant lieu de gén.) N. 74.

baresmô-stereiti fém. *bârsôm vistârishnîh* « action de lier le Baresman » sg. instr. **baresmô stereiti** T. 40. (**baresmô+stereiti**).

baresnu fém. sg. loc. **bareshnshô** *bâlist* « sommet, ce qui est le plus haut » N. 65.

bareshnshô voir **bareshnu.**

barozhdahu neutre sg. acc. **barozhdahum** *tâlûk î pun rôîshâ î pâhlûk* « la partie supérieure des côtes » M. F. 10.

barô *gabrâ* lire **narô** et voir **nar** N. 104 (voir **bar**).

bashi sg. nom. **bashi** *bôjînak* « concombre » M. F. 28. (Le mot pehlvi *bôjînâ* est traduit *khyâr* dans le *Pehlvi-Pazend Glossary*).

bashidrajañh adj. « qui a la longueur d'une phalange de doigt » neutre pl. nom. **bashidrajañhô** *bajak dranâi* N. 108.

bâ particule affirmative T. 55.

bâzujata fém. « nom d'un péché » traduit étymologiquement *bâjâi zanish* ; sg. instr. **bâzujataya** N. 42.

bâdha conjonction « ainsi » *îc* N. 30.

bâdhyô voir **baôyô.**

bâmanya ad. pl. neutre nom. acc. **bâmanyâo** *bâmîk* « beau, magnifique » F. Farh. 48.

bi égale **dya** en composition (cf. **bistaora**).

bitya adj. numéral *datîgar* « le second » sg. mscl. nom. **bityô** N. 2 ; gén. **bithyêhê** (lire **bityêhê**) T. 8 ; acc. **bitîm** N. 82 ; fém. sg. gén. **bityâo** (**bityayâo**) N. 42; neutre sg. instr. **bityâ** « en second lieu » N. 102.

bithyêhe voir **bitya.**

bipithwa adj. sg. mscl. nom. **bipithwô** « qui reçoit sa nourriture 2 fois par jour » F. Farh. 61. (**bi+pitu**; cf. **thripithwodhi**).

bis abverbe « deux fois » N. 86.

bisara adj. neutre sg. acc. pris adverbialement **bisarem** *pun 2 kûnishnîh* « deux fois » T. 60. (Cf. **thrisârem**).

bistaora adj. mscl. sg. acc. **bistaorem** *2 stôr* « de deux bêtes de somme » N. 45 (**bi+staora**).

bish adjectif numéral « deux » ou adverbe « deux fois » traduit *pun 2*, N. 31; *dô* F. Farh. 66.

bish voir **cvaṭbish** N. 8 (voir **kê** et **hâthra**) N. 97.

bishâmruta adj. « qui est dit, récité deux fois » pl. nom. **bîshâmruta** *bîshâmrût* N. 33.

bishish-framâta mscl. sg. nom. **bishish-framâtô** *bôjashk î frâj oshmûrtâr* « médecin expérimenté » M. F. 28.

bî verbe.

nî, verbe act. ind. prés. sg. 3 **niwyêiti** T. 32. (Cf. Yasht xix, n. 80).

bîraoshaṭ lire **draoshaṭ** et voir **druj**.

bu verbe « être, exister » traduit *yahvûntan* et plus rarement *bûtan*; act. ind. imp. sg. 3 **bavaṭ** N. 63; aor. sg. 3 **bvaṭ** « il sera », peut être identique à la forme précédente et à lire **bavaṭ** T. 93; trad. *bêt* T. 93; subj imp. sg. 3 **buyâṭ** « que soit ! » D. 1.

buzyaña adj « de chèvre » neutre pl. gén. **buzînanãmca** (lire **buzyananãmca**) *i bûj* N. 67.

buj voir **bujin** et **baosha**.

bujin adj. mscl. sg, nom. **buji** *bôkht* « sauvé, délivré » M. F. 28 (de **buj** « délivrer »; cf. **baosha**).

bûna mscl. traduit en pazend *bun* et en sanscrit **âmûlatas** « fond » sg. abl. **bûnâṭ** Aog 77; acc. **bụnem** « profondeur » F. Farh. 10.

bereji fém. « désir » sg. inst. **bereji** *pun arzûk* T. 106.

berejyãs voir le suivant.

berejyãstema adj. sg. mscl. nom. **berejyãstemô** *arzûktûm* « qui a le plus de désir » N. 1. (Superlatif de de **berejyãs**, forme participiale dérivée de **berez** « désirer », ou comparatif de **berejyah**; cf. **bereji**).

berezaṭ varezi fém. sg. instr. **berezaṭ varezi** *bûland varjishnîh* « qui commet des actions élevées » T. 73.

bãthra mscl. sg nom. **bãthrô** traduit *b-a-a-n* M. F. 28. (Hoshangji lit *bahûn* et traduit difficile; peut-être faut il rapprocher ce mot pehlvi de *bakhûnastan*; « pleurer », **bãthra** signifierait alors « pleurs, larmes »).

byaṅha *bîm* « peur, frayeur » M. F. 28.
brâtar mscl. « frère »; pl. gén. **brâthranãm** *bratârân* T. 96.
breñjayâiti voir **dreñj** N. 94.

M

maiti fém. sg. instr. **maiti** *pun mînishn* par la pensée » T. 46 ; datif ? **maitê** *patmân* « mesure » M. F. 19.
maidhya mscl. ou neutre pl. gén. **maidhyanãm** *mas* « liqueur forte, vin » N. 29.
maidhya adj. « qui est au milieu », sg. mascl. dat. **maidhyâi** *ol mîyânak* N. 47 ; *pun mîyân* N. 49, 50 ; fém. abl. **maidhyâṭ** (lire **maidhyayâṭ**) *mîyânak* N. 50 ; dat. (en accord avec un ablatif). **maidhyâyâi** *mîyân* N. 46 ; **maidhyâi** *pun mîyânâk* N. 51 ; neutre dat. **maidhyâi** *mîyânak* N. 47.
maidhyôi-paitishtâna mscl. *nîmak patishtân* ; la phrase **âthravanô bis paiti bis maidhyôi paitistanô** est traduite *2 pâspânak cand frâj hûmbêt od ol nîmâk patishtân.* (Cf. **maîdhyôpaitishtâna**).
mainyu mscl. « esprit » voir **spentâ mainyu**; sg. nom. **mainyush** N. 102 ; acc. **mainyûmca** N. 50 ; gén. **mainyéush** N. 102.
maêsman neutre sg. acc. **maêsmã** « le gomez » T. 7.
maêshina adj. « de mouton » acc. sg. collectif **maêshinem** Aog. 82 ; **maêshinem yavaṅhem** est traduit en sanscrit meshisamuham dhânyasamcayam.
maêshini adj. pl. neutre gén. **maêshinãmca** *î mêsh* « de brebis » N. 67.
magha fém. « pureté sans mélange » traduit *avêzak*, litt. « pur » M. F. 25. (Cf. James Darmesteter, *Zend-Avesta*, Tome I, p. 318, n. 33, ou **magavô fravakhshôi** est traduit *man pun mâghîh frâj satûnt* « celui qui a mar-

ché dans la pureté » et glosé *aîgh nisââ lûît* « c'est-à-dire qu'il n'a pas de femme, qu'il est vierge ».

maghna adj. sg. fém. acc. **maghnãm**, **maghanãm** (lire **maghnãm**) *barhânak*, *parhanâk*, (lire *barhânak*) « nu » N. 95.

maghneñta part. d'un dénominatif de **maghn** ; sg. nom. avec enclitique **maghneñtasciṭ** *barashn-ic* (lire *barâhnak-ci*) T. 11 ; *min aîgh* **ñtasciṭ** (lire **maghneñtasciṭ**) *barhânak cî* N. 109. (Cf. **maghna**).

mazaṅh adj. sg. mscl. acc. **mazaṅhem** *maz-î* « plus grand » N. 45.

mazishta adj. sg. fém. nom. **mazishta** *mahisht pun tan* « le plus grand » N. 84.

mazga mscl. ou neutre sg. acc. **mazgem** *mazg* « cerveau » M. F. 11.

mazda voir **Ahura Mazda**.

Mazdâo aṭ môi vahishtâ, cathrushamrûta, ou prière à réciter quatre fois de suite ; fragments de Gâtha, voir *Yasna*, Hâ XXXIV, § 15, et *Vendidad*, Fargard X, § 12.

mazdayasna adj. « mazdéen, de la religion d'Auhrmazd » pl. mscl. nom. **mazdayasna** *mazdist* N. 85 ; *mazdistân* N 103 ; gén. **mazdayasnanãm** N. 63. (lire **myazdavanãm** et voir **myazdavan**) N. 61.

mazdayasnanãm voir **myazdavan**.

mazdayasni adj. « mazdéen, de la religion d'Auhrmazd » sg. fém. abl. **mazdayasnôiṭ** *mazdîstân* N. 41 ; (lire **myazdôish**) N. 72 ; gén. **mazdayasnôish** *mazdayaztân* T. 20.

mazdôish voir **myasda**.

madh verbe « s'énivrer » moy. ind. prés. sg. 3 **madhaitê** *madînêt* « il s'énivre » N. 30.

madh neutre sg. gén. **madhô** *âs* « liqueur fermentée, vin » N. 30. (Voir **madhaṅh**).

madhaṅh neutre sg. acc. **madhô** *âs* « liqueur fermentée, vin » N. 30. (Voir **madh**).

madhi fém. sg. instr. **madhi** *mastîk* « ivresse ».

madhimasta adj. superlatif sg. mscl. gén. **madhimastemahê** (lire **madhimastôtemahê**), traduit *akrâî manash zakî mast akrâî mastîh* » qui a le plus haut degré d'ardeur » T. 66. (Voir James Darmesteter, *Zend-Avesta*, Tome III, p. 66, n. 3).

madhimya adj. « qui est au milieu, moyen » adj. sg. mscl. abl. **madhêmaṭ** *pun mîyân* N. 78 ; instr. **madhimyâ** *pun mîyânak* N. 20; **madhimya** *pun mîyânak* N. 33 ; neutre instr. **madhemyâ**, **madhemya** *pun mîyânak* N. 20, 78 ; « au milieu de » ; dat. **madhimâi**, **madhêmâi** *pun mîyânak* (lire **madhimyâi**) N. 7; gén. **madhmyêhê** *mîyânak* « de taille moyenne » F. Farh. 9. (Cf. le sanskrit madhyana).

madhyamya adj. sg. mscl. **mamdhya** (lire **madhyamya**) *pun mîyân* « moyen » N. 26. (C. **madhimya**).

man verbe « penser, réfléchir » moy. parf. sg 3 **mamnê** T. 46 ; *mînêt* « il a pensé » T. 26; passif part. passé pl. neutre acc. **mata** *bara yâmatûnêt* T. 46 (considéré par le traducteur comme dérivé de la racine **gam**, persan *âmadan*) ; imp. sg. 2 **mainya** « penses » traduit *maneshn* litt. « pensée » Aog. 25; causal. imp. pl. 3 **mãnayen**; la phrase **mânayen ahê yatha**... est traduite *mânâk î ôlâ cîgûn*... « comme si, on dirait que... » T. 33.

anu act ind. prés. sg. 3 **anu mainaiti** *madam mînêt* « il pense » N. 25.

mana mascl. neutre sg. inst. **mana** *pun sâmân* « en « en mesure, sur la mesure » N. 33.

mana voir **azem**.

manaothri sg. nom. **manaothri** *gartûn* « cou » N. F. 10.

manaṅh neutre *mînishn* « pensée »; sg. nom. acc. **manô** *mînishnîg* T. 55, 62, 78; loc. **manahi** T. 81 ; **manahê** T. 80 ; gén. **manaṅhasca** T. 57 ; **manaṅhê** D. 6; pl. acc. **mamanâosca** (lire **manâosca** T. 58).

manaṅhîm voir **manahya**.

manaṅho voir **zemanaṅh.**

manahya adj. sg. mscl. acc. **manahîm ahûm** *mînôyân ahvân* « le monde spirituel » T. 90.

mamanâosca voir **manaṅh.**

mamdhya voir **madhyamya.**

maya fém. pl. acc. **mayâo** *patmân* « mesure » T. 106. (Cf. **maianuhê**).

mayaṅh neutre sg. **mayâo** *mâyût* « cohabitation, rapports sexuels » M. F. 25.

mayazdahê voir **myazda.**

mar verbe part. prés. sg. mscl. acc. **mareñtem** *î ôshmûrtar* « qui étudie » T. 15.

fra verbe « réciter » act prés. ind. sg. 3 **framaraiti** *frâj ôshmârêt kart* N. 21 ; *frâj manîtûnêt* N. 38 ; pl. 3 **framareñti** *frâj ôshmûrînd* N. 23 ; *frâj manîtûnd* N. 52 ; part. prés. sg. mscl. acc. **framareñtem** *frâj ôshmûrishnîh* N. 21 ; *frâj ôshmûrt havât* « récitant » N. 52 ; moyen part. sg. mscl. nom. **framaremnô** *frâj âi manîtûnêt* « celui qui récite » N. 26 ; passif part. sg. gén. **framaretahê** *ôshmarishnîh* « récité, étudié ». (Cf. **aframarant** et **mimarô**).

marata ad. pl. neutre gén. **marâtanãm** *narmîn* « souple » N. 58. (Cf. le sanscrit mlâta)

mas voir **masyah.**

masaṅh neutre sg. instr. **anamasanaca** (lire **masanaca**) *mas* « grandeur » T. 94. (Voir **ashti** et **dâstra**).

mastema voir **madhi masta.**

mastraghna fém. *mastarg* « crâne » acc. **mastraghnãm** F. Farh. 1 b ; loc. **mastraghnya** F. Farh. 1 a ; acc. irrég. tenant lieu de gén. **mastravanãm** *mâstarg* F. Farh. 1 b.

masyah adj. comparatif de **mas** ; sg. neutre **masyô** *mas* « plus grand » N. 87 ; pl. nom. **masyaṅhô** *zak î mas* F. Farh. 1 a.

mashya mscl. « homme » sg. nom. **mashyô** *martûm* F. Farh. 2 c ; gén. **mashyânãm** D. 2.

mashyâka adj. employé substantivement au mscl. et traduit *gabrâ* « homme » sg. nom. **mashyâka** T. 37 ; D. 3 ; pl. nom. **mashyâkâoṅhô** traduit en pazend *mardum* et en sanscrit manushyâh Aog 41 ; acc. **yushmâkem** (lire **mashyâkem**) *martûm* F. Farh. 26.
mahrkasa mscl. « mort » sg. acc. **mahrkasem** Aog. 48; traduit *margî* en pazend (cf. **markatha**).
mâ voir **azem**.
mâ négation prohibitive *al* « que ...... ne pas » T. 22, 90; D 4.
mâi *hamgûnak* de la même sorte, semblable » M. F. 19. (Le destour Hoshangji traduit contrairement au pehlvi « mesure »).
mâiaṅuhê traduit *patmân* « mesure » F. Farh. 53. (Cf. **maya, maiti**; ce mot est probablement la corruption d'une forme dérivée de **mâyah**).
mâaṭ traduit *mandûm lvatâ mandûm, u lâ*. 1° « avec, ensemble » (*mandûm lvatâ mandum*). 2° « ne pas » (*lâ*) M. F. 3.
mâo traduit *ît jîvâk aîgh patmân*. « il y a des endroits ou **mâo** signifie mesure », ex. : **khratumâo** *khîrad patmân* » M. F. 19. (C'est une traduction étymologique consistant à voir dans **mâo** un dérivé de la racine **mâ** « mesurer »).
mâra mscl. sg. gén. **mârahê** *mâr* « serpent » T. 9.
miz verbe act. part. prés. sg. nom. **yaêzô** (lire **maêzô** *mêzân* « urinant » N. 37.
mit verbe.
â act. ind. prés. sg. 3 **âmithnâiti** traduit en pazend *mînêt* et en sanscrit cintayati « il pense » Aog. 53.
mithaṅn neutre sg. acc. **mithô** *mizd* « chose fausse, mensonge » T. 26.
mithôsâst forme pazende fém. sg. de **mithôsâsti**; traduit *mêtyôsâst* « nom d'un crime » *apash vicârishn î-kadbâ âmôjîshnîh. Zak yahvûnêt amat râs-î kadbâ*

lo îsh tajêt amat-ic arastîhâ ol îsh u anaîvînakîhâ numâyad apash mêtyôsâst obdûnishn. « C'est le mot par lequel on désigne le crime de faux enseignement, quand on engage quelqu'un dans une voie fausse (litt. quand une voie fausse court sur quelqu'un) et quand on lui montre des choses injustes ou contre les coutumes. Voilà ce qu'on appelle *mêtyôsast* » M. F. 35.

mithôhita mscl. ou neutre sg. gén. **mithôhitahê** *mît gavishnîh* « mot faux » T. 17.

mithwa adj. *gômîzak* « mélangé, et par conséquent, « impur » M. F. 25.

min N. 48 ; voir **maghneṅtascit** N. 109.

mimara adj. sg. mscl. nom. **mimarǫ** *kamîshak ôsh-mûrtâr* « celui qui récite » M. F. 25.

mî verbe act. part. prés. sg. neutre nom. **mayaṭ** « détruisant » traduit *vinâsishn* litt. « action de détruire » M. F. 19.

mîzhda neutre sg. nom. acc **mezdhem** (lire **mîzhdem** *mizd* « salaire, rétribution M. F. 25.

murâ *karsâ* « ventre » M. F. 25. (Cf. **merezâna**).

mustemesa sg. mscl. nom. **mustemesô** *mûrt* « myrthe » (sorte de plante) M. F. 25.

mushta « poing » voir le suivant.

mushtamasaṅh adj. sg. neutre **mushtamasô** *mûsht masâî* « qui a la grosseur du poing » M. F. 10 (**mushta** + **masaṅh**).

mûkhti vsir **ûkhti**.

mezdhem voir **mîzhda**.

methrem voir **mãthra**

merek sg. mscl. nom. **merekhsh** « celui qui détruit » traduit *maranûnish*, litt. « destruction » M. F. 25.

merezâna mscl. ou neutre sg. dat. **merezânâi** *karsâ* « ventre » M. F. 25. (Cf. **murâ**).

merezu *khânak* « maison » M. F. 25.

mãthra mscl. « la parole sainte, le texte de l'Avesta considéré comme la parole d'Auhrmazd », transcrit en pehlvi *mansâr*; sg. acc. **mãthrem** T. 3; **methrem** (lire **mãthrem**) *mânshar* N. 17; abl. **mãthrâṭ** T. 102.

mãnayen voir **man**.

mbarâtô voir **bar**.

myaêshi traduit *môshishn*, lire **maêshi** ? de **maêshin** « urinant ? » M. F. 25.

myazda mscl. traduit *myâzd* « le **myazda**, banquet religieux offert au Gahanbar »; sg. gén. **myazdaêca** *gâsânbâr* N. 81; **mayazdahê** (lire **myazdahê**) N. 81; pl. acc. (irrégulier) **myazdê** N. 81; gén. **myasdanãm** N. 63.

myazdavan adj. « celui qui prend part au banquet religieux » pl. mscl. gén. **myazdavanãm** *myâzômandân* N. 62; *myâzân* N. 63; **mazdayasnanãm** *myâzômandân* N. 61.

myazdi adj. « qui est relatif au **myazda** » sg. gén. **myazdôish** *dar myazd* « dans le **myazda** » N. 83; **mazdôish, mazdayasnôit** (lire **myazdôish**) *myâzd*. **mazdôishaiñ** est traduit *myâzd yôm gâsânbâr* « jour de **myazda** » N. 72

myô lire **ayâ** et voir **i**.

mraodésca voir **upamraodi**.

mru verbe « dire, parler, prononcer » actif. prés. ind. sg. 3 **mrûiti** *gôft havâ-t* « il dit » N. 71; imp. sg. 2 **mrû** *yamallûn* « dis » M. F. 9.

â verbe actif prés. ind. duel 3 **ârmutô** (lire **âmrutô**) *ham yamallûnd* « ils parlent tous deux » N. 24.

fra act. prés. ind. sg. 1 **framrâomi** *frâj yamallûnam* « je déclare » T. 66; pl. 3 **framavaiñti** (lire **framrvaiñti** *frâj yamallûnêt* « ils prononcent » N. 60.

Y

ya pronom relatif « qui, celui qui » généralement traduit en pehlvi *man*, quelquefois *î*, *zî* et très rarement *ké*, *kî*;

mscl. sg. nom. **yô** T. 3, 45, 58, 78, 82, 91, 92, 98, 100, 102, 104, 106, 107, 110 ; N. 1, 6, 13, 15, 17, 18, 19, 24, 25, 26, 32, 41, 42, 43, 44, 45 48, 63, 68, 76, 82, 84, 89, 91, 95, 100, 101, 103, 104, 105, 109 ; D. 3; F. Farh 1 a, 15 a, 16, 47; en place de nom. pl. F. Farh. 1 b, 26; traduit *amat* T 24 ; N. 4, 9, 14, 60, 69, 99, 101, traduit *at* N. 12; *olâshân* N. 31, 32, 95, 100 ; **yasca** T. 36 ; **yâo** (lire **yô**) *amat* T. 26 ; **yôi** (lire **yô** ?) N. 7 ; **yêsê** (lire **yase(taṭ)** *amat* N. 12 ; abl. **yahmâṭ** *amat* N. 42 ; acc. **yim** T. 22; N. 1; D. 7; **yem** N. 16 ; gén. **yêṅhê** T. 49 ; N. 9 ; [**yêṅ**]**hê** N. 84 ; *ap(ash)* N. 10 ; (voir **yêṅhê mê ashâṭ haca**) N. 103 ; loc. **yahmi** *zak man patash* « celui contre qui » N. 13 ; fém. sg. nom. **yâ** T. 65 ; N. 4, 6, 41, 62, 84 ; *amât* T. 84 ; *cand* « autant que » N. 9 ; acc. **yâm** T. 66 ; neutre acc. **yaṭ** T. 72, 74, 78, 81, 87, 88, 92, 93, 99 ; N. 19, 20, 43, 47, 54, 61, 62, 72, 73, 74, 75, 76 ; F. Farh. 5 ; **zad** (lire **yaṭ**) T. 20 ; *olâ* T. 80 ; *at* « si » T. 116 ; *cand* N. 4 ; *cîgûn amat* N. 85 ; *amat* « si, quand » N. 7, 9, 10, 24, 42, 48, 54, 62, 63, 70, 81, 83, 85, 87, 103; **yaṭciṭ** *amat îc* N. 42.

Duel nom. **yâ** *amat 2 (gabrâ)* N. 23, 24, 64, 94 ; *amat 2* F. Farh. 17.

Pl. mscl. nom. **yôi** T. 109 ; N. 20, 29, 33, 52, corrigé de **ya** (voir **aêtaya**) N. 53 ; **yô** (lire **yôi**) N. 87, 92, 93, 95, 96, 97, 98 ; F. Farh. 1 b, 26 ; fém. nom **yâo** T. 76, 54 ; N. 42, 43, 44, 46 ; *amat* N. 103 ; acc. **yâ** (lire **yâo**) *amat* N. 37 ; (corrigé de **avâoyâo**) F. Farh. 50 ; gén. **yâoṅhãm** N. 71 ; loc. **yâhu** N. 54 ; neutre pl. nom. **yâ** N. 54 ; acc. **yâ** N. 16, 54; *cand* « autant que » N. 65.

yâ (lire **vâ**) *ayav* « ou bien » N. 44, 45.

yaêzô lire **maêzô** et voir **miz**.

yaêtu adj. sg. mscl. nom. **yaêtush** *mat* « venu » F. Farh. 34.

yaêtushâta *pun danâ yamallûnêt aîgh min zag î yakôyamunêt pun vicîtan u nyôshîtan, î olâ sazâktar*

« ceci se dit de celui qui est le plus apte à choisir? et à écouter » M. F. 40.

yaêsh verbe, moyen prêt. ind. pl. 3 **yaêsheñta** *êhrtêt aîghash madam yâtûnêt* « elles bouillonnèrent c'est-à-dire elles montèrent » F. Farh. 32 ; act. part. prés. sg. fém. acc. (forme de masculin) **aêsheñtem** (lire **yaêsheñtem**) *hêhrtinêt* « qui bouillonne » F. Farh. 33.

yaozhdana neutre sg. gén. **yaozhdanahê** *ûstarak* « rasoir » (de **aozhdâ**, litt. « qui purifie ») F. Farh. 28.

yaozhdâ verbe « purifier » act. imp. subj. sg. 3 **yaozhdathaṭ** (lire **thâṭ**) *yôshdâsrînêt* N. 73 ; *yasrinêt* N. 74.

yaona mscl. ou neutre « voie? » sg. loc. **yaona** *ayô-(j)ishnîh* N. 52.

yaoshcina traduit *jân* « âme » F. Farh. 35.

yakhshti fém. *tâk* « tige » pl. acc. **yakhshtishca, yaokhshtayô** (nom. en fonction d'acc.) F. Farh. 36.

yaz verbe « célébrer, offrir le sacrifice, sacrifier » act. ind. prés. pl. 1 **yazamaidê** traduit *yazbakhûnêt* litt. « il sacrifie » N. 70 ; pl. 3 **yazañti** *yazbakhûnd* N. 62 ; **yaz[a]ñti** *barâ yazbakhûnêt* N. 61 ; **yazebeñti** (lire **yazañti**) N. 24 ; subj. prés. sg. 1 **yazâi** (lire **yazâni**) *yazbakhûnam* F. Farh. 44 ; sg. 3 **yazâiti** *yazbakhûnêt* N. 22, 70 ; opt. sg. 3 **yêzieṭva** (lire **yêzêṭva**) (pour le pluriel ou le duel) *yazbakhûnd* N. 24 ; part. prés. sg. mscl. acc. **yazeñtem** N. 22 ; moyen part. prés. sg. mscl. gén. **yazemnahê** N. 42

fra act. ind. prés. sg. 3 **frayâzaiti** *frâj yazbakhûnêt havâ-t* « il offre en sacrifice » N. 81 ; **frâyazâiti** (forme de subjonctif) traduit à faux *frâj katarûnêt* « il reste » N. 81 ; moyen ind. prés. sg. 3 **fraêazaitê** *frâj zâyat* F. Farh. 24.

yaza D. 7.

yazu adj. sg. mscl. nom. **yazush** *zahâk* « élevé, sublime » F. Farh. 40.

yaṭ verbe 1° actif parf. pl. 3 **yaêtatare** *mat yakôya-*

mûnêt « ils sont venus » F. Farh. 39 ; causal act. ind. prés. pl. 3 **yâtayanti** *barâ sâtûnind* « ils font venir » N. 88 ; 2° act. causal ind. prés. pl. 3 **yayêinti** (lire **yâtayeiñti**) *vakhdûnînd* « ils prennent », **yâtayañti** traduit *yakhsanûnînd* litt. « ils ont » N. 97.

yatha adverbe et conjonction « comme, autant que, de sorte que, ainsi » traduit *cîgûn* T. 33, 37, 68 ; N. 2, 9, 12, 22, 42, 43, 47, 48, 66, 68, 70, 89, 99, 106 ; D. 3; F. Farh. 2 c.; *aîgh* T. 23 ; *cîgûn amat* N. 67 ; *cand* T. 59 ; N. 60, 66, 67, 86 ; F. Farh. 8, 9, 10, 65 ; *amat* N. 8 ; *îtûn* N. 8, 68.

yatha kathaca expression adverbiale traduite *cîgûn olâ katârcâî* « n'importe comment » N. 37.

Yathâ ahû vairyô Cathrushâmrûta, ou prière à réciter quatre fois (*Yasna*, Hâ XXVII, § 13 ; *Vendidâd*, Fargard X, § 12, 36).

Yathâ tû Bishâmrûta, ou prière à réciter deux fois, commencement d'une Gâtha (*Yasna*, Hâ XXXIX, *Vendidâd*, Fargard X, § 4, n. 35).

yathra adverbe de lieu « où » N. 10 ; *tamman* « là où » N. 10 ; F. Farh. 13 ; **yathrâ avaṭ** *tamman aîgh zak* « là où » F. Farh. 42 ; *zand* **yathrâ** *kulâ jivâk tammam* « le zend **yathrâ** signifie dans tous les passages où on le trouve *tamman* « là, en cette place » M. F. 12.

yadhôiṭ adverbe, *cand* « autant que, comme » N. 44 ; *amat îtûn... îtûn* « en tant que... en tant » N. 52.

yare voir **yâre**.

yava mscl. « grain de céréales, grain d'orge » sg. nom. **yavô** *yav* N. 90; gén. **yavahê** *gôrtâk* N. 101; F. Farh. 43 ; pl. gén. **yavanãm** *gôrtâân* N. 28. (Voir **yavôfratanh**).

yava adverbe de temps, « à l'époque où, au temps que », **noiṭ.... yava** est traduit *avarj* (lirea *kôrj*) « jamais » T. 26 ; forme de datif **yavaêca, yvaêca** « pour toujours, à tout jamais » D. 7 ; **yavê, yavê vispâi** est traduit *hamâi ol od visp* « à tout jamais » F. Farh. 5.

yava dat. **yavaêca** « pour toujours » D. 7 (voir le précédent).

yavaṅha neutre traduit en pazend *râma* et en sanscrit dhânyasam̃caya « troupeau » sg acc. **yavaṅhem**, variante **yâoṅhaṅhem** Aog. 82. (Cf. le sanscrit yûtha « troupeau ».

yavañṭ pronom « autant que » traduit *cand*, neutre **yavaṭ** *cand* N. 21, 23, 27, 38, 39, 108; *zag-and* T. 94; *zakî cand and* N. 12; corrélatif de **aêtavaṭ** N. 109; **yavaṭ** *cand* F. Farh. 19; inst. **yavata** *hamâ od amat* « tant que » F. Farh 19.

yavata (lire **yavaca?**) traduit *gôshan* « jeune » F. Farh. 22. (Cf le suivant).

yavan adj. employé substantivement mscl. sg. abl. **yûnaṭ** *gûshân* « jeune homme » T. 67.

yava-hê lire **yavahê** et voir **yava**.

yavâkem cas oblique pluriel du pronom de la seconde personne, traduit *lakûm ol 2* « de vous deux » M. F. 3 (voir **tûm**).

yavê voir **yava**.

yavô frataṅh adj. sg. nom. **yavô frathô** *jâv pâhnâi* « qui a un **yava** de large, qui a l'épaisseur d'un grain de blé ou d'orge » N. 70.

yavô frathya adj. sg. gén. **yavô-frathyêhê** *yâv pahnâi* « qui a la largeur d'un **yava** » N. 69.

yasô-bereta adj. pl. fém. abl. **yasô-beretâbyô** *pun zakî mat yakoyâmûnêt barashnîk* « agreé » F. Farh. 41.

yasna mscl. « sacrifice » transcrit *yasn* ou traduit *izishn*, sg. acc. **yasnem** N. 40; *îjîshn* T. 88; *yasn* T. 81; N. 20, 24; **yasnemca** *îjîshn* T. 88; *yasn-îc* N. 46; gén. **yasnahê** N. 22; **yasnashê** *îsn*, le « **Yasna Haptaṅhâiti** » N. 22.

yasnô forme que prend le thême **yasna** en composition.

yasnô kereti fém. traduit *yazbakhûnishn kartârîh;* pl.

dat. **yasnô-keretaêibyô** N. 70, 74, litt. « achèvement du sacrifice »; cette expression a pris un sens liturgique spécial et désigne le **Yêñhé Hâtãm**.

yashti fém. pl. dat. **yashtibyô** *êhrîûnîtak* « eau bouillonnante, souillée » T. 32.

yaô voir **yâre**.

1° **yâonh** verbe.

aiwi « pratiquer » actif ind. prés. sg. 3 **aiwyâoṅhaṭ** « il pratiquera » traduit *barâ obdûnand* (litt. « ils pratiqueront ») N. 11.

2° **yâoṅh** verbe.

aiwi traduit *ayyîpyahanîtan* « se ceindre, mettre un vêtement, se revêtir de » act. ind. prés. pl. 3 **aiwyâoṅti** *ayyipyânahînd* N. 93 ; **aîwyâoṅhayâoṅti** *ayipyâyân yakhsanûnad* (lire *yakhsanûnand*) N. 85 ; *madam ayyîpyâhanînd* N. 91, 93 ; **aiwyâoṅhyâoṅti** *ayyipyahânênd* N. 92, 94, 95 ; *ayyipyahânishnîh yahvûnd* N. 92 ; **aiwyâo[ṅayâo]ñti** *ayyîpyâyihânînd* N. 85 ; act. part. prés. sg. mscl. nom. **aiwyâstô** N. 37 ; *amat aipyâyast* glosé *aîgh shapîg u kôstîg yakhsanûnêt* « quand il a son sadéré et son kosti » T. 10 ; *ayyipyâyâhan* N. 86 ; *ayyipyâyishnîh*, litt. « action de se revêtir d'un vêtement » N. 87 ; mscl. acc. **aiwyâstem** *pun ayyipyânîh* litt. « action de se revêtir » N. 96 ; *min ayyibyânînîh* (idem) N. 87 ; fém. acc. **aiwyastãm** *pún ayyibyâyânihsnîh* (idem) N. 95 ; mscl. pl. nom. acc **aiwyâsta** *ayâipyâst* N. 85 ; moyen ind. prés. pl. 3 **aiwyâoṅhayâêitê** (lire —**hayaiñtê**) *ayyîpyâyânînd* N. 87.

pairi+aiwi act. imp. ind. sg. 3 **pairi aiwyaṅhaṭ** *aî manîtûnêt* « il apprendra » N. 16.

yâoṅhya adj. *kûl* « petit » M. F. 16.

yâkare *yakar* « foie » M. F. 10.

yâkhsh verbe.

aiwi actif causal imp. subj. sg. 3 **aiwyâkhshayâṭ** *madam nikâs âi yakhsanûnêt* « qu'il surveille » N. 77.

yâta neutre, « nom d'un péché qui consiste à frapper quelqu'un, péché du **yâta** » sg. acc. **yâtem** *yât* N. 42; F. Farh. 30; **yaṭ** (lire **yâtô**); **yaṭ mazaṅhem** est traduit *yât mazd* « de la valeur d'un **yâta** N. 45.

yâtayañti, yâtayeñtê, voir **yat**.

yâtukhta nom d'un crime traduit étymologiquement *yâtûk gavishnîhâ*. Le mot a été arbitrairement décomposé en **yâtu**, qui en zend signifie « sorcier » et est traduit en pehlvi *yâtûk* et en **ukhta**, participe passif de **vac** « dire, parler » d'où la traduction *gavisnîhâ*. — Ce mot est glosé : *zak yahvûnet amat yamallûnêt (êvak mart) aîghat pun yatûkîh barâ marancînam* « ceci est quand un homme dit (à un autre) : Je causerai ta perte par sorcellerie » M. F. 34.

yâtô mazaṅh voir **yata**.

yâthra lire **yâ thra** (**yâ** est traduit *cand* « autant que ») N. 108.

yâraṭ voir **frayara.**

yâre neutre *shant* « année » sg. nom. acc. **yâre** N. 11, 42, 44; **yâo** (lire **yâre**) N. 45 (voir **yâredrâjaṅh**).

yâre drajâṅh adj. « qui a la longueur d'une année » neutre sg. acc. employé substantivement **yare-drâjô** *shant drânâi* N. 11; F. Farh. 31 « durant l'espace d'un an » N. 44; **yâre drâjê** (lire **yâre drâjô**) N. 42.

yijaiasti fém. nom d'une mesure de longueur, sg. nom. **yijaiastish** *yûjêst* T. 1; F. Farh. 66. (Voir **yujyasti**).

yuj verbe « mettre sous le joug » passif part. passé **yukhta; yukhta cathware aspahê** est traduit *ayôjishn î cahar sûsyâ bês hîjak* « attelé de quatre chevaux, quadrige » F. Farh. 28; pl. nom. **yukhta** F. Farg. 27.

yujiti fém. sg. instr. **yujiti** « en marche » traduit *ayûkht havât* litt. « attelé » F. Farh. 27 (de **yuj**).

yujyasti fém. nom d'une mesure de longueur « traduit *yûjihast*, sg. nom. **yujâyastish** traduit *anâ yûjîhast* N. 8. (Dans cette traduction, *anâ* est l'équivalent sémitique du nom de nombre *ê* « un »); gén. **yôjuyastôish** N. 71.

yuzhem voir **tûm**.

yushmâkem voir **mashyâka.**

yûnaṭ voir **yavan**.

yûmca voir **vispâyûmca** T. 84.

yê sévishto Thrishâmrûta, ou formule que l'on récite trois fois de suite N. 35. (*Yasna* xxxvii, Hâ II, et *Vendidad*, Fargard x, § 8, note 35).

yêiti-cati « autant que », lire **yati-cati** T. 64.

yêzi « si, quand » *man* N. 91 ; *aîgh* T. 35 ; *at* N. 10, 11, 14, 26, 32, 33, 38, 39, 50, 55, 60, 69, 88, 92, 94, 95, 96, 97, 100, 101, 104, 105, 107, 109; *cand* N. 27; *îtûn* N. 40, 44; **yêzica** *at* N. 5 ; *amat-cî* N. 80. (Cf. **yêdhi**).

yêzii lire **yêzi** T. 12.

yêzi va lire **yêzêtva** et voir **yaz**.

yêdhi adverbe *at* « mais » F. Farh. 39. (Cf. **yêzi**).

yokhshtayô voir **yakhsti**

yoghedha *ayôjishn* F. Farh. 24.

yôishta adj. au superlatif sg. mscl. nom. **yôishtô** « petit, le plus petit » N. 1 ; **yoishtô** *kas* F. Farh. 25. (**yôishtô** = **yaoishtô** = **yavishtha**).

yôjuyastôish voir **yujyasti**.

yôna voir **yaono** N. 52.

yãstuma voir **thrayãstuma**.

yna neutre sg. instr. **ynâ** (**shna** dans l'un des manuscrits) *khûshk* « sec ? » N. 15 ; **yvaê ca** lire **yavaêca** D. 7.

R

raêkhshaiti voir **raêthw**.

raêthw verbe « mêlanger » traduit *gûmîkhtan* act. prés. ind. sg. 3 **raêthwayêiti** *gûmêzêt* N. 80 ; **rathwaiti** *aî gûmêktêd* N. 61, 62 ; **raêkhshaiti** (lire **raêthwaiti**) *gûmêzêt* N. 80 ; subj. imp. sg. 3 **rathwayâṭ**

(lire **raêthwayâṭ**) *gûmîjêt* « qu'il mêle » N. 76 (voir **rashayañti**).

ham « mélanger, mêler » act. ind. prés. pl. 3 **ham-raêthweñti** *ham gûmêzand* N. 61 ; causal ind. prés. pl. 3 **ham raêthwayeiñti** N. 62.

raêthwa mscl. ou neutre « vase à mélanger » pl. inst. **raêthwâish** N. 80 (voir **ratu** et **thwâish**).

raêthwa-bajin mscl. sg. gén. **raêthwa bajinô** *gômêzak bâsh* « vase à mêler et à partager » N. 66, 67. (Cf. *Vendidad*, Fargard XIV, § 8, note 35 et **raêthwish-bajin**).

raêthwish-bajin mscl. sg. gén. **raêthwish-bajinô** *gômêzak âsh* « vase à mélanger ». (Cf. *Vendidâd*, Fargard XIV, § 8, note 35).

Raêthwishkara mscl. « nom d'un prêtre » sg. acc. **Raêthwishkarem** *pun ratpîshkarîh* (litt. « état de Raêthwishkara » N. 82; gén. **Raêthwishkarahê** *ratpîshkar* N. 79.

raêrê traduit *rât* « généreux, libéral » M. F. 28.

raêsha mscl. *rêsh* « dommage » sg. instr. **raêshaca** N. 9; dat **raêshê** N. 2.

raêshatna mscl. ou neutre pl. instr. **raêshatnâish?** N. 58.

raocaṅh neutre *rôshnîh* « lumière du jour » sg. loc. **raocahê** (lire **raocahi**) N. 68; pl. nom. **raocô** (lire **raocâo**), acc. **raôcâo, raocâo** T. 71, 83; gén. **rao-caṅhãm** F. Farh. 67.

raodhaṅh neutre « rivière » sg. gén. **raodhaṅhô** *rôta-kân* N. 26.

Raṅha fém. sg. acc. **Raṅhãm** *Arang myâ* « le fleuve Ranha » T. 68.

raza adj. sg. mscl. nom. **razô** *vîrâst* « préparé, arrangé » M. F. 28.

razrasdâ voir voir **azrasda**.

rati fém. acc. pl. **ratish** *ratîh* « sacrifice » T. 64.

rat[u] voir **ratufrish.**

ratu voir **raêthu.**

ratu mscl. *rat* « maître » sg. nom. **ratush** N. 10, 19; (voir **atha ratush**) N. 72, 73; (voir **ratufrish**); dat. **rathwaêca** N. 81; *mînôî gâsânbâr* litt. « l'esprit du Gâhanbâr » N. 81; **rathwê** N. 105; duel abl. **ratubya** (en *dvandva*) *ratîh* F. Farh. 15 c.; pl. nom. **ratavô** N. 80; *ratîh* N. 83; *ratîhâ* N. 102; gén. **rathwãm** *ratîgân* N. 82, 83.

ratuthwâish lire **raêthwâish** et voir **raêthu.**

ratupithwanãm voir **rapithwina.**

ratufri fém. « office, célébration du service des ratus » sg. nom. **ratufrish** *rat farnâmishnîh* N. 46, 47, 49, 50, 51 ; dat. **ratufryéê** (lire **ratufryê**) *pun rat farnâmishnîh* N. 31 ; pl. loc. **ratufrishu** *rat farnâmishnîh* N. 102. (Cf. **ratufriti**).

ratufri adj. « celui qui a satisfait à la fête de l'adoration des maîtres, agreé, qui est en règle » traduit *ratîhâ* « en règle » sg. nom. **ratufrish** T. 10 ; N. 19, 20, 22, 23, 24, 26, 27 28, 37, 38, 39, 40, 52, 53, 54, 55, 56, 57, 58, 59, 86, 87, 89, 90, 98, 99, 101, 103, 104, 106, 107, 108; corrigé de **ratush** N. 98; de **ratufryô** N. 31; de **ratufresh** N. 21, 22, 28, 54; de **ratufrishô** N. 60; de **rat[v]f[r]iishô** N, 60; duel nom. **ratufrish** (lire **ratufri**) N. 23 ; **fratufrya** (lire **ratufri**) N. 24 ; pl. nom. **ratufryô** N. 21, 39, 52, 60, 87, 91, 92, 94, 95; **fratufrish** (lire **ratufrish**) traduit *aratîhâ* (lire *ratîhâ*) N. 88, 93, 94, 95, 97.

ratufriti fém. « célébration du service des Ratus » traduit *rat farnâmishnîh*; sg. dat. **ratufritéê**, glosé *pun gâsânbâr* N. 62; instr. **ratufrish** (lire **ratufriti**) N. 96; acc. **ratufritim** *ratûfrît* N. 42, 43; *lâ yazbakhûnîshnîh* (lire **aratufriti**) « pour non célébration de la fête » N. 53; **ratufraitîm** N. 52. (Cf **ratufri**).

ratumañt adj. neutre sg. **ratumaṭ** *râtômandîh* « la qualité d'avoir un Ratu » N. 63.

ratha mscl. sg. nom. **rathô** « char » N. 37.
rathwya adj. sg. nom. **rathwya** « conforme à la règle » traduit *frârûnîh* (litt. « conformité à la règle) » F. Farh. 15 ; pl. fém. nom. **rathwyâo** *frârûn* M. F. 9.
rathwyô-varshti (corrigé de **arathwyô-varshti**) fém. sg. nom. **rathwyô-varshti** *frârûn kûnîshn* T. 57.
rapayâṭ voir **âp**.
Rapithwa « nom d'un génie » fém. sg. abl. **Rapithwayâṭ** *Rapîtpîn* N. 49 ; pl. gén. **Rapithwanãm** *î Rapîtpîn* N. 49.
rafnaṅh neutre sg. dat. irrégulier **râfnê** *râmishn* « plaisir » M. F. 28.
rayatô voir **srû**.
rayôish voir **neregâ** et **gar**.
rash verbe actif causal ind. prés. pl. 3 **rashayañti** *gûmêzêt* (lire **raêthwayañti** ?
râji sg. acc. **râjim** *rîsh* « blessure » M. F. 28.
râza voir **vâ**.
râti fém. pl. nom. **râtish** *râtih* « dons » T. 76.
râna fém. sg. nom. **râna** *rân* « cuisse M. F. 11.
ric verbe.

paiti moyen potentiel (à forme de futur) sg. 2 **paiti raêkhshîsha** *al barâ rânînî* « ne repousses point « T. 90.

ririshia de **irish** « blesser » *rîshînînd* litt. « ils blessent « forme de parfait irrégulier ? N. 95.
ruth verbe.

apa moyen part. prés. sg. mscl. gén. **aparaothemnahê** « qui a forfait » traduit *pun arânakîh* litt. « en forfaiture » N. 64.

rud verbe.

ava « faire tort, nuire à » act. ind. prés. pl. 3 (pour le sing.) **ava raodheñti** (litt. « il déracine ») traduit *barâ khafrûnîshn* « action de déraciner » N. 42 ; causal ind.

prés. sg. 3 **avaraodhayêiti** *barâ âjârokînêt* N. 42 ; *barâ âjârokînâî (asrînishn)* N. 43.

upa moyen causal ind. prés. sg. 3 **uparaodhayêitê** « *barâ khafrûnêt* « il fait dommage » (litt. « il déracine ») T. 110.

vî act. ind. prés. sg. 3 **vîrôidhi** (lire **vîraodhaiti**) « il supprime » traduit *aparvinêm* (lire *apârînêm*) litt. « je supprime » N. 11 ; causal ind. prés. sg. 3 **viraodhayêiti** « il fait faute à » N. 11. (Cf. le zend **urûraotha** traduit *rânakînît*, *Yasna*, Hâ I, § 60).

rudh verbe « croître » act. imp. ind. sg. 3 ? **raodhaṭ** *rôst* M. F. 28.

rusca *madam mashkûn* N. 95.

V

va voir **dva** et **vâ**.

vaiê voir **dva**.

vaitê forme de datif de **vaiti ?** « action de cacher ? » traduit *nûhûft* « caché » M. F. 23.

vairi mscl. traduit en pazend *var* et en sanscrit n a r a k a-g u p h â « le Var ou palais souterrain de Djemshid » sg. acc. **vairîm** Aog. 28. (Cf. sk v a l a).

vairya adj. voir **Ahuna vairya**.

vaêija adj. sg. nom. **vaêijô** « pur » traduit *avèzishn* litt. « pureté » M. F. 23.

vaêtha mscl. sg. abl. **vaêthaṭ** « connaissance » traduit *âkâs* « celui qui sait » N. 68.

vaên verbe act. imp. subj. sg. 3 **vaênâṭ** *khavîtûnêt* « qu'il connaisse » N. 16.

paiti act. opt. sg. 3 **paiti vaênoiṭ** « il verrait » T. 33.

vaênatha mscl. sg. instr. **vaênatha** « par la vue » **yêzi avaṭ vaêthaṭ vaênatha** *at îtûn âkâs havâ-t aîgh at khazîtûnam (zak êrpat)* « quand il connaîtra par la vue » N. 11.

vaêmanâṭ ?

vaêyya : hãm vaêyya traduit *pun hamsh-n-îh* N. 99.

vaêshc verbe.

hãm actif caus. ind. prés. sg. 3 **hãm vaêshcayêiti** traduit *ham* a-s-sh-t *yakôyamûnêt ?* N. 99.

vaãkra mscl. sg. acc. **vaãkrem** *kabad gûrd* « homme très brave, très vaillant » M. F. 22.

vakãuvari mscl. ou fém. sg. gén. **vakãuvarôish** *nashônti-î-myâ* « canal » M. F. 22.

vakhâṭ mot à supprimer N. 51.

vakhsh verbe.

aiwi « faire croître, nourrir » actif causal imp. ind. sg. 3 **aiwi vakhshayaṭ** traduit *pun frâj yazbakhû-nishnîh* ; opt. sg. 3 **aiwi vakhshayôiṭ** *madam aî vakhshînêt* N. 81.

vakhshaṅh ad. mscl. ou neutre sg. instr. **vakhshaṅha** *(gavishn-î) sût ômandîh â* « (paroles) bienveillantes » M. F. 8.

vaghzh mscl. « parole » pl. instr. **vaghzhibhish** N. 67.

vaghdhana neutre « tête de l'homme » transcrit *vaghlân*, sg. neutre acc. **vaghdhanem** F. Farh. 1 b, 9; gén. **vaghdhanahê** N. 65.

vaṅri *vahar* « printemps » M. F. 23.

vaṅh verbe « se revêtir de, mettre un habit » act. ind. prés. sg. 3 **vaṅhaiti** *humbînd* N. 92. 95 ; pl. 3 **vaṅ-heñti** *hûmand* (lire *hûmbînd*) N. 91.

vaṅha fém. sg. acc. **vaṅhãm** *pôsht i pun khun* « la moëlle épinière ? » M. F. 10.

vaṅhareshta adj. sg. mscl. nom. **vaṅhareshtasciṭ** *vishâtak-ci* « découvert » T. 11. (Cf. **vareshtasca** N. 109).

vaṅhavaêibyasca lire **vâ aṅhavaêibyâca** traduit *zag-ci anafshâ* « qui n'est pas sien » N. 108.

vaṅhasca paiti vaṅhasca ? N. 91.

vaṅhan neutre sg. instr. **vaṅhunaca** (lire **vaṅhanaca**) *shapîr* « bon » T. 94 ; pl. nom. **vaṅhânô** *vêhân* « les bons M. F. 23. (Cf. **vaṅhu**).

vaṅhâna neutre sg. gén. **vaṅhânahê** « vêtement ».
vaṅhi voir **vaṅhu**.
vaṅhu mscl. neutre pl. loc. **vaṅhushô** (lire **vaṅhushu**) *âpâtîh* « biens, propriétés » T. 56.
vaṅhu adj. traduit *vêh* et *shapîr* « bon, pieux, juste » mscl. sg. nom. **vaṅhô** N. 48; fém. sg. nom. **vaṅhi** T. 65 ; acc. **vaṅhîm** T. 66 ; pl. dat. **vanhibyô** N. 71 ; gén. **vaṅhinãm** N. 48.
vaṅhunaca voir **vaṅhan**.
vac verbe « parler, dire » traduit *yamalalûntan* et quelques fois *gûftan*; act. parf. sg. 3 **vavakhdha** M. F. 23; **vavaca** T. 26 ; impér. pl. 2 **vaocâta** (d'une forme redoublée de **vac**) T. 13, 22 ; moyen acc. sg. 3 **aokhta** F. Farh. 16 ; **aokhtê** N. 9, 19; répété par erreur N. 7 ; **vaokhtê** M. F. 22; subj. aor. sg. 3 **vavacata** *obdûnâṭ* (traduction inexacte, litt. « qu'il fasse ») M. F. 25; passif part. parf. **aokto** M. F. 25.
paiti moy. aor. sg. 3 **paiti ukhta** (lire **paiti aokhta**) *pasukhash gûft* « il répondit » T. 55.
pairi moy. aor. sg. 3 **pairi akhta** (lire **pairi aokhta**) « il a dit » *barâ gavishn* (litt. réponse) N. 32.
vacaiti lire **vandaiti** et voir **vand**.
vacaṅh neutre pl. nom. irr. **vacaṅhô** *gavishn* « paroles » T. 49.
vacasta voir **vacastashtivañṭ**.
vacastashti fém. « strophe, stance » traduit *vîcîst* sg. acc.
vacastashtîm N. 42 ; **vacastashtem** N. 50 ; **vacastashti** (lire **vacastashtim**) N. 33.
vacashtashtivañṭ adj. neutre sg. acc. employé adverbialement **vacastashtîvaṭ** *pun vîcist* « par strophe » N. 23 ; **vacasta, vacastashtvaṭ** (lire **vacastashtivaṭ**) *pun vîcist* N. 24.
vacahi voir **thrivacahi**.
vacâyâdhi lire **vaca yêdhi**.
vaz verbe moy. parf. sg. 3 **vaozê** *vajînêt* « il a mis en

vigueur » T. 106 ; part. prés. sg. nom. **vazô** (expliqué par **rathô** « monté sur un char »); **uzyô** *ûzêt* « qui va en char » M. F. 23; moy. part. prés. sg. nom. **vazemnô** *vajân* « allant en char » T. 10 ; N. 37.

vaṭ verbe.

apa act. ind. prés. sg. 3 **apayêiti** (lire **apavataiti**) *khavîtûnêt* « il sait ». (Cf. **apavatahi** traduit *dar khavîtûnî* « tu sais »; *Yasna*, Hâ 9, § 25 et voir **apvaiti** et **apavaiti**).

vadhairayaosh forme non analysable, traduite en pehlvi *vahâr* « printemps ». — Le mot pehlvi étant susceptible de beaucoup d'autres lectures, la signification du mot zend est douteuse; la lecture *vahâr* et le sens de « printemps » sont cependant les plus vraisemblables M. F. 22.

vadhagha épithète appliquée au tyran Zohak, traduite en pehlvi *vôgh* M. F. 22. (Cf. *Vendidad*, Fargard XIX, § 23 : **vadhaghanô dan̊hupaitish; vadhaga** est une altération de **vadhaghana** : « né de **vagha** »).

vañta bereiti fém. sg. acc. **vañtãm bereitîmca** « offrande d'assistance » T. 88.

vañdâna mscl. sg. acc. **vañdânem** *vandishn* « obtention » N. 16.

1° **van** verbe act. ind. prés. sg. 3 **vanasti** *ashkakhûnêt* « il obtient » N. 109.

2° **van** verbe act. ind. prés. pl. 3 **vanañti, vanaiñti** *vânêt yakôyamûnêt* « ils luttent » N. 84 ; moy. ind. prés. sg. 3 **vanaitê** *vânêt* « il détruit » M. F. 22 ; part. prés. pl. masc. gén. **vanatãm** *vânîtâr* « destructeur » M. F. 22.

vana?; vana pascaiti est traduit *zag zagash akhar* « et celui-ci ensuite ? » N. 9.

vana traduit *gûft*, lire **vaca** et voir **vâc.**

vanañṭ adj. pl. mscl. gén. **vanatãm** *vânîtâr* « destructeur » M. F. 22. (part. prés. act. de **van**).

vanare neutre, traduit en pehlvi n-î-sh-n-k-a-s.—Le destour Hoshangji lit le pehlvi *nîshkâs* et traduit « intelligent ». Il y voit sans doute *nîv-âkâs* ou *nîv-dânâk*, lecture dont le groupe pehlvi est à la rigueur susceptible. Comme seconde lecture, il donne *nêshâkas* « celui qui traîne les corps morts », mais elle est impossible, car il y aurait *nêshâkash*. M. F. 22.

vanta fém. *nisââ amat khûp* « la femme, lorsqu'elle est honnête » sg. nom. **vanta**; pl. gén. **vantanãm**; loc. **vantâhva** M. F. 4.

vand verbe actif ind. prés sg. 3 **vacaiti** (lire **vandaiti**) *vandêt* « il obtient »; **vnaiti** (lire **vandaiti**) T. 94. (Cf. **vid** « obtenir »).

vayañṭ adj. sg. nom. **vayô** *khvâstâr* « celui qui désire » F. Farh. 71 (part. prés. actif de **vî** « désirer »).

vayâosciṭ voir **dva**.

vayô voir **dva**.

vara mscl pl. acc. **varasca** *var* « l'épreuve judiciaire, le jugement de Dieu » F. Farh. 15 b.

varaṅhana adj. neutre pl. nom **varaṅhana** *zag-î pun var* « ce qui est dans le **vara**, qui dépend du **vara** » N. 54 (Dérivé de **vara** « l'épreuve judiciaire »).

varanava *naflûk* « chute » M. F. 22.

varishta lire **varshta** traduit *varzishn* « action » N. 29.

varishtcâo lire **vareshnâo**.

vareina *vârsâk ?* M. F. 23. (Cf. **varena**).

vareka mscl. neutre sg. gén. **varekahê** *varg* « feuille d'arbre » M. F. 22. (Cf. le persan *barg*, l'arabe emprunté à l'époque pehlvie *vark*, d'où la racine *varaka*).

varec verbe.

aipi act. ind. prés. pl. 3 **aipi verecaiñti** *madam varzînd* « ils travaillent » N. 95. La traduction *varzîtan* indique généralement un mot zend **varez**; peut être faut il lire **aipi verezaiñti**; voir **varez**).

varecâo *kabad varzishn* « action de beaucoup travailler » M. F. 22.

varez verbe « travailler, accomplir » traduit *varjîtan*, *obdûntan*, et *kartan*; act. ind. prés. sg. 3 **verezyêiti** *varzêt* N. 48; pl. 3 **verezeñti** (conjugué sans la caractéristique **-ya-**) *varzînd* N. 60; **verezyañti** (tenant lieu de sg.) *obdûnât* (voir part. prés.) N. 6; parfait sg. 3 **vavareza** *kart* T. 26; opt. sg. 3; **verezyôiṭ** *varjât*; subj. imp. sg. 3 **verezyâṭ** *anâ varzêt*, *obdûnât* N. 6; impér. sg. 2 **vareza** (lire **verezya**) traduit en pazend *varz* et en sanscrit kuru « fais » Aog 27; part. prés. sg. mscl. acc. **verezañtem** *varjîtâr* « qui pratique » T. 25; pl. nom. **verezañtô** *varjînd* N. 52; gén. (irrég.) **verezañtãm** *varjând* N. 85; fém. sg. nom.? **verezyañti** (irrég.) *obdûnât* N. 6; (voir aux formes verbales), passif part. passé employé substantivement sg. neutre instr. **varishta** (lire **varshta**) *varzishn* « action » N. 29.

vareṭ verbe « tourner » moy. imp sg. 3 **varetata** *vartîn* « tournant » M. F. 23.

varethra fém. « victoire » *pîrôzhkâr*, litt. « victorieux » M. F. 22. (Cf. **vârethraghni** et **verethra**).

varedha *vârêt yakôyamûnîh aîgh farpîh kart yakôyamûnîh* « graisse? » M. F. 11.

varedhésca *kûtîn*? N. 97.

varena fém. pl. acc. **varenâosca** *pazmôk* « habits » N. 92.

varemana adj. sg. mscl. nom. **varemanô** « qui est parmi les plus beaux » glosé *dôshêt yakôyamûnêt pun khûtâî sardârîh* « il est choisi dans le pays pour le désir du maître » F. Farh. 6.

varesa msc. « cheveu » *môî zakî madam rôishâ* « le poil, celui qui est sur la tête » M. F. 6. (En composition ce mot prend la forme **varesô**; voir **aogê-varesô** et **varesô-stavañh**).

varesô-stavañh adj. « qui a l'épaisseur d'un cheveu » **varesô-stavañhô** est traduit *vars zahâk* N. 90.

vareshaji fém. *bûn* « racine » (voir **hamô vareshaji** N. 92.

vareshca : vareshca iverbaresca ratufrish *rôishâ a-rôishâ ozlûnêt yakôyamûnet ashâyât ?* N. 99.

vareshtasca lire **vañhareshtasca** et voir **vañhareshta** N. 109.

vareshna mscl. sg. gén. **vareshnahê** *gavishn* (lire *gôshân*) « mâle ». N. 106. (Cf. le zend **varshna** et le sanscrit vṛṣṇi)

vareshna fém. pl. acc. **vareshnâo** *varzishn* « travail » N. 52, 60. (Cf. **varshna**).

varta adj. sg. mscl. nom. **vartô** *vasht* « qui tourne » M. F. 23.

varsa voir **varesa**.

varshti fém. « action » sg. nom. **varshti** *hûvarsht*, litt. « bonne action » T. 57 ; inst. **varshti** *kûnishnân* T. 46. (Cf. **arathwyô-varshti** et **rathwyô-varshti**).

varshna mscl. « mâle » sg. gén. **varshnahê** D. 7. (Cf. **vareshna**).

vavâstrinãm pl. gén. de (**ga**)**vavâstri** *kârvarzishnîh yahvûnêt* (voir **gavavâstri**).

vas verbe « désirer, vouloir » act. ind. prés. sg. 1 **vasmi** « je désire » traduit *kâmak*, litt. « désir » M. F. 22 ; sg. 2 **vashi** traduit *pun kâmak* litt. « avec désir » N. 9 ; part. prés. sg fém. nom. **usaitica** « consentante » traduit *khôrsandîhâ* litt. « volontiers ». (Cf. **anusañṭ**, **vasañh**).

vasañh neutre « désir », sg. acc. employé adverbialement **vasô** *pun kâmak* « à désir, à souhait » N. 62.

vasokhshathra sg. fém. acc. **vasokhshathrãm** *kâmak khûtâîh* « qui commande suivant son désir » M. F. 11.

vastra voir **astra**.

vastra neutre *vastrag* « vêtement, habit » sg. instr. **vastra** N. 93 ; acc. **vastrem** N. 93 ; gén. **vastrahê** N. 86, 91, 96 ; pl. nom. **vastrât-vaca** (lire **vastraca**) F. Farh. 48.

vashata voir **vaz**.

vahishta adj. superlatif de **vaṅhu**, généralement traduit *pâhlûm* « le meilleur, excellent, parfait » sg, fém. nom. **vahishtaca** *pashûm (pun arjûk)*; mscl. neutre acc. **vahishtem** T. 13; N. 84; gén. **vahishtahê** T. 106; pl. neutre nom. **vahista** *pahlûmîh* « les meilleures choses » T. 87.

vahishta aṅhu mscl. *pâhlûm ahvân* « le paradis; » sg. nom. **vahishtô aṅhush** T. 92; acc. **vahishtem ahûm** T. 43, 83; gén. **vahishtahê aṅhéush** T. 108.

vahishtâ ishtish Bishâmrûta ou prière qui se récite deux fois; commencement d'une Gâtha (*Yasna*, Hâ LIII, §1; cf. *Vendidad*, Fargard x, § 4) N. 34.

vahishtem troisième mot de la Gâtha Speñtô Mainyu N. 50.

vahma mscl. *nyâyishn* « prière » sg. dat. **vahmâica** N. 81; acc. **vahmemca** T. 88.

vâ et **va** conjonction, *ayûp* ou mieux *ayav* « ou bien, ou » passim.

vâ voir **pithwãm** et lire **pâpithwãm** N. 64.

vâ voir **râza** (lire **urvâza** ?) N. 84.

vâiti fém. nom d'un péché, traduit étymologiquement *khvahishnîh* « désîr, volonté », et glosé *zak yahvûnêt amat pun vinâskârîh min akharî îsh râtûnêt* « cela a lieu quand l'on court derrière quelqu'un avec une mauvaise intention » M. F. 34.

vâitisha voir **cyâo**.

vâkhsh-bereti fém. pl. dat. abl. **vâkhsh-beretibyô** *gavishn yadrûnishnîhâ* « portée de paroles » F. Farh. 2a.

1° **vâc** « péché, crime » sg. acc. **vâcem** *ît jîvâk aîgh vinâs* « il y a des endroits ou ce mot signifie crime » M. F. 22.

2° **vâc** mscl. *gavishn* « parole » sg. nom. **vâkhsh** T. 53; abl. **vâcaṭ** N. 32; instr. **vaca** N. 20, 33; **vâca** N. 27; **vacô** (lire **vâca**) N. 26; acc. **vâcim** N. 14, 42; *gavis-*

hnîk N. 14, 103; *pasukh* « réponse » N. 73 ; **vacimca** *gavishn-ic* N. 72 ; **vâcimca** *gavîshnîh* N. 24; **vâcem** voir **vâc** 1 ; pl. acc. **vacô** N. 33 ; **vacasca** T. 58, 60 ; **vâcô** N. 71 ; gén. **vacãm** N. 33, 37.

vâcem voir **vâc** 1.

vâthmaini mascl. ou fém. sg. instr. **vâthmaini** *rûnj* (lire *ranj*) « fatigue, souffrance » N. 15.

vâ-pithwâm voir **pâpithwa**.

vâr verbe act. ind. prés. sg. 3 **vâraiti** *vârêt* « il pleut » M. F. 22.

vârethraghni adj. « victorieux » fém. pl. dat. abl. **vârethraghnibyô** traduit *pîrûzkarîhâ*, litt. « victorieusement » F. Farh. 2 a. (Cf. **verethra** et **varethra**).

vâstrâ neutre traduit *vastarg* « vêtement » sg. nom. **vâstrem** N. 87.

vâstrya neutre « travail, labour, agriculture » sg. abl. **vâstryâṭ** *vâstryôsh* N. 42, 83, 109 ; *asryôshn* (lire *vâstryôshnîh*) N. 69 ; pl. loc. **vâstrayaṅhva** *kârvarzishn* M. F. 23.

vi préfixe verbal, passim.

vi verbe « aller » act. part. prés. pl. gén. **vayañtanãm** *madam pun yatûnishnîh* « allant et venant »; litt. « action d'aller et de venir » N. 26.

viusañṭ adj. sg. fém. **viusaiti** *uzdâhishn* « soulevant » M. F. 22. (Cf. *uzdâhisht* « construction élevée, temple »; part. prés. de **vi+us**).

vicithra fém. « décision »; traduit ou plutôt paraphrasé *barâ padtâkîh dânad aîgh khaditûntan tavân kamîst* « qui est visible, c'est-à-dire qu'il veut pouvoir voir » M. F. 38.

vicidâra adj. sg. mscl. nom. **vicidârô** *vicîtâr* (ou plutôt *vacîtâr*) *î gâsân* « celui qui récite les Gâthas ? » M. F. 23. (Le sens de ce mot qui paraît corrompu, est douteux).

vizu pl. nom. **vizushca** ? N. 57.

vizutâ traduit *vâzârkânîh yahvûnêt* « commerce » M. F. 40.

vitasti fém. *cîgûn 12 angûsht* « mesure de longueur ayant 12 doigts » M. F. 41 ; transcrit *vîdast* M. F. 22.

1° **vid** verbe « savoir, connaître » ind. prés. sg. 3 **vaêdha** *âkâs* litt. « qui sait » N. 38 ; **vaêtha** *âkâs* N. 40 ; imp. ind. sg. 3 **vaêthaṭ** *âkâs havâ-at* N. 11 ; parf. pl. 3 **vîvarei**, **vîvare** (lire **vîdare**) *âkâs havâ-nd* N. 39 ; causal imp. subj. sg. 3 **vîdâyâṭ** *âkâs havâ-t* « il connaîtrait » N. 68 ; temps indéterminé pl. 1 ; **vaêdhayama** *nivîdînam* M. F. 28 ; prés. part. sg. mscl. nom. **vîtvâ** (lire **vidhvâo**) *âkâs* « sachant » T. 35 ; part. passé neutre pl. loc. **vistaêshva** « dans les choses visibles » traduit *amat padtâk havât* ; part. prés. sg. mscl. nom. **vidush** *âkâs* M. F. 22.

aiwi act. causal ind. prés. sg. 3 **aivi vaidhayêiti** *nîvidînad* « il annonce » N. 81.

2° **vid** verbe act. ind. prés. sg. 3 **vîtâiti** (lire **vîdhaiti**) *vânnêt* (lire *vandêt*) « il obtient » T. 18.

vidu adj. (part. parf. de **vid**) sg. mscl. nom. **vidush** *âkâs* « connaissant, qui sait » M. F. 22 (part. parfait de **vid** 1).

vidhu fém. *nisââ amat vîpâk* « la femme quand elle est veuve » inst. **vidhava** M. F. 5. (Cf. le sanscrit vidhava, latin *vidua*).

virô-mazaṅh adj. mscl sg. gén. **virô-mazaṅhô** *vîrôk mas* « qui a la valeur, la grandeur d'un homme » F. Farh. 31.

vivishdâta adj. sg. mscl. nom. **vivishdâtô** *âkâs dât* « qui connaît la loi » F. Farh. 47.

vis verbe act. ind. prés. sg. 3 **vîsaiti** *makadlûnt* « il accepte » N. 19 ; *patîrêt* T. 121 ; **vîsâiti** (lire **vîsaiti**) *patîrêt* N. 13 ; moy. ind. prés. duel. 3 **vaêsaêtê** *kulâ 2 pâtîrand* T. 122 ; moy. part. prés. **visemna**. (Cf. **usyañṭ, usya, avisemna**).

para moy. imp. ind. sg. 3 **para vîsata** *makadlûn* « se présentent » T. 87.

vista part. passif de **vid**, voir **vid**.

visté (forme de dat. irr. d'un thème en **i**) traduit *vinast?* M. F. 21. — Le mot pehlvi étant susceptible de plusieurs lectures, la signification du mot zend est très douteuse.

vish voir **vîs**.

vish traduit *olâshân*, lire **hish** ? N. 55.

vî particule séparative et préfixe verbal, passim. (Cf. **vi**).

vî verbe act. part. prés. sg. mscl. nom. **vayô** *khvâstâr* « celui qui désire, désirant » F. Farh 71.

vî traduit *ît jîvâk aîgh lakûm, u ît jîvâk aîgh khvâheshnî û jût.* « Il y a des endroits ou ce mot signifie *nous*, et d'autres ou il signifie l'*action de désirer* et à *l'écart* » M. F. 4. (Dans le sens de *lakûm*, ce mot est certainement une faute pour **vé** ou **vô** ; le sens de *khvâheshnî* « désir » se rapporte à la racine **vî** et celui de *jût* au préfixe verbal **vî**).

vîidîm voir **vaêdhya.**

vîkaya mscl. sg. gén. **vîkayêhê** *gôkâs* « témoin » F. Farh. 70.

vîcayâo voir **vîtayâo.**

vîcithra neutre pl. acc.**vîcithra** « goutte (*âp*) N. 108.

vîta sg. fém. gén. **vîtayâo** *jûtâkîh* « éloignement » N. 8.

vîdûsha fém. pl. acc. **vîdûshâosca** *barâ dahishnîh* « générosité » T. 77.

vîbârô voir **bar.**

vîma adj. duel **vîma ?** « perfection » N. 6 ; **yêzica vâ gaêthâo vîmâ** *katâr* **parayâṭ** est traduit *at kulâ 2 în ol gêhân bundagîh* N. 5.

vîraozayêiti voir **rud+vi.**

vîraṅhâdha adj. traduit en pazend *mard hupâr* et en sanscrit vîrâm gilah « qui dévore les hommes » sg. mscl. nom. **vîraṅhâdhô** Aog. 78 (**vira+hadha** ; cf. **aspaṅhadha**).

vîrôidhi voir **rud+vi.**

vîvara adj. pl. fém. acc. **vîvarâosca** *vîr zîvûnishnîh* (lire *zanishnîh*) « de tueur d'homme » T. 36.

vîvâpa adj. pl. fém. acc. **vîvâpâosca** *fraspishn?* T. 36.
vîs fém. *vîs* « bourg, bourgade » sg. acc. **vîsem** *vîsh* (lire *vîs*) N. 8 ; abl. **vîsaṭ** N. 8 ; loc. **vîsê** T. 22 ; N. 8.
vîsa mscl. ou neutre sg. dat. **vîsâi ?** D. 6.
vîsô-bakhta neutre sg. acc. **vîspê-bakhtem** (lire **vîsôbakhtem**) *vîs-bajisknîh* « pouvoir de chef de bourg » T. 95.
vîsta adj. neutre **vîstem** *padtâk* « il est clair » N. 54. (participe passif de **vid,** cf. **vista**).
vîspa adj. *harvist, harvisp* « tout » sg. mscl. nom. **vîspô** F. Farh. 5 ; acc. **vîspem** T. 43, 79 ; F. Farh. 53 ; *hamaî* N. 42, 43 ; dat. **vîspâi** F. Farh. 6 ; gén. **vîspahê** T. 58, 84 ; fém. gén. **vîspayâo** N. 81 ; pl. mscl. nom. **vîspê** N. 39, 60 ; D. 2 ; **vîspaêca** T. 61 ; dat. abl. **vîspaêibyô** N. 20 ; *pun harvispîn* N. 70 ; gén. **vîspanãm** T. 93 ; N. 22, 38, 39, 68 ; **vîspanãmca** N. 59 ; **vîspaêshãm** N. 65 ; **vîspaêshãmca** N. 60 ; loc. **vîspaêshu** T. 56 ; *pun harvispîn* N. 13, fém. nom. **vîspaô** T. 61 ; acc. **vîspaô** T. 124 ; neutre acc. **vîspa** T. 94 ; N. 80 ; **vîspaca** *hamâi* F. Farh. 1 b ; F. Farh. 1 5 e.
vîspâyu adj. sg. acc. **vîspâyûmca** *hamâi zîvandag* « vivant toujours, éternel » T. 84.
vîspê-naêma adj. sg. fém. acc. employé adverbialement **vîspê-naêmãm** *harvist nêmak* « dans toutes les directions » M. F. 9.
vîspô-khshapan adj. **vîspôkhshapô** *pun hamâk laîlyâ* « dans toutes les nuits » N. 53.
vîspê-bakhtem voir **vîsô bakhta.**
vîshâpa masc. sg. gén. **vîshâpahê** « serpent, dragon » N. 48. (Cf. l'arménien *vishap*).
veredra adj. sg. mscl. ou neutre **veredrô** *narm* « doux, tendre » M. F. 22 et 23.
veretka mscl. ou neutre duel nom. **veretka** *gôrtak* « les reins » M. F. 10. (Cf. le persan *gurdah*).

verethra neutre « victoire » sg. dat. **verethrâi** « pour la victoire » N. 69. (Cf. **vârethraghni** et **varethra**).

verenavañț adj. sg. neutre **verenavaț** « croyant » traduit *aîmanûnishnîh*, litt. « croyance » M. F. 23.

vehrka mscl. *gûrg* « loup » sg. dat. **vehrkâi** T. 3; N. 17.

vehrka fém. sg. gén. **vehrkayâo** *gûrg* « louve » N. 59.

voiô traduit *khîstak zak yahvûnêt amat ghal khvasînad ?* M. F. 39.

voithwa traduit *hûdahîshn* « bon don » M. F. 23. — Le Le pehlvi composé des éléments a-n-sh-i-sh-n, étant susceptible de beaucoup d'autres lectures, la signification du mot zend est douteuse.

vostra neutre sg. acc. **vostrem** *vandishn* « action d'acquérir » M. F. 23.

vohu adj. « bon » neutre **vohu** *shapîr* T. 55; *âpâtîh* N. 84.

vô voir **tûm**

vôhû-khshâthrem vairîm, Bishâmrûta ou prière à réçiter deux fois de suite. Commencement de la Gàtha dite **Vôhû-khshâthra** N. 34. (*Yasna*, Hâ LI, § 1; *Vendidad*, Fargard x, § 4.

vôhu-gaona adj. adj. sg. mscl. acc. **vôhugaonem** traduit *syâh-môî* « qui a les cheveux noirs » M. F. 6. Le zend signifie littéralement « qui a de beaux cheveux ». (Cf. les mots **gaona**, **hugaona** et **paourusha gaona**).

vnaiti lire **vañdaiti**, voir **vand** et **vid** T. 94.

vyâkhti adj. pl. fém. loc. **vyâkhtihava** *nisââ amat ârâstak* « la femme quand elle est parée » M. F. 5.

vyâzda adj. sg. fém. gén. **vyâzdayaô** traduit en pazend *val* (transcription du pehlvi *ôl:=lâlâ=apar*) *grift draosh ké draosh pa résh kardan mardumān* et en sanscrit vihitaçastvam̃ avec la glose ùrdhvîkaroti vighâ- takartumca m̃anushyânâm̃ « qui a la lance levée, c'est-à-dire qu'il porte la lance pour faire des blessures aux hommes » Aog. 81.

vyâda fém. pl. acc. **vyâdasca** (lire **vyâdâosca**) traduit *barâ dahishnîh* « don, cadeau » T. 89.
vyâni pl. nom. **vyânîsh** *barâ parîhâ* « regards » (glosé *aîghash barâ natarûnîhâ*) T. 63.

S

sa verbe actif causal ind. prés. sg. 3 **sâyeiti ?** D. 7.
saiti voir **upôi** et **is**.
saidhi fém. sg. dat. **saidhê** *khôrsandîh* « contentement » M. F. 25.
saê *apûrnâk man abû lâ zîvandak* « enfant dont le père n'est pas vivant, orphelin » M. F. 25 (pour **sahi**).
saoshyañț adj. employé substantivement, pl. mscl. acc. **saoshyañtasca** *sûtômandân* « les bienfaisants » T. 76.
sakhti fém. *sajishn* « action de faire » M. F. 26. (Cf. le persan *sâkhten*).
sañh verbe.
fra part. passif **frasasta** *frâj âfrîgân* « loués » M. F. 26.
sañha fém. pl. acc. **sañhasca** *kapâh* (lire *kafsh*) « soulier » N. 92.
sañhathra voir **sahethra**.
sañhãm lire **kañhãm** et voir **ka** N. 37.
1° **sac** verbe « aller ».
pairi act. ind. prés. sg. 3 **pairi sacaiti** *barâ sâjêt* « elle va, elle s'étend » N. 46 ; *bârâ sîjêt* N. 48, 50 ; *sazât* N. 51.
para act. ind. prés. sg. 3 **para sacaiti** *bârâ sâjêt* « elle va, elle s'étend » N. 50
2° **sac** verbe « enseigner » causal part. prés. sg. mscl. acc. **sâcayañtem** *âmôkhtârîh* (lire *âmôkhtâr*) T. 15 ; désid. part. prés. sg. mscl. acc. **sikhsheñtem** *âmôkht* « qui désire apprendre » T. 15.

sad verbe act. imp. ind. sg. 3 **sadayâṭ** *madammûnît* « il paraît, il semble » M. F. 26.

sadhôtanãm lire **gadhotanãm** et voir **gadhotu.**

saredha mscl. pl. nom. **saredha** *sartak* « sorte » M. F.

savaṅh neutre « utilité » sg. nom. **svô** (lire **savô**) *sût* M. F. 25.

savaṅh neutre sg. nom. **sâvô, savavaô ?** *sôk* « côté » T. 68.

savavâo voir **savaṅh.**

sahethra neutre sg. acc. **sahethrem** *âmôkhtishn* « instruction » T. 50 (lire **saṅhathrem**?).

sâoṅha *marak* « mesure, nombre » M. F. 26.

sâcayañtem voir **sac.**

sâdra fém. sg. nom. **sâdrâ** *tang* (lire *tangîh*) « étroitesse » T. 84.

sâdhayañti fém. pl. **sâdhayañtishca** *u-s-d-nâkâi-k-v* ? N. 95.

sâsévishta adj. traduit en pazend *pa sût khvâstâr* et en sanscrit lâbhakarah « bienfaiteur » pl. nom. **sâ sévishtâo** Aog 59.

sâsna fém. pl. nom. acc. **sâsnâo** *âmôjishnîh* « action d'apprendre » M. F. 29.

sikhsheñtem voir **sac.**

sidara pl. gén. **sidaranãm ?** « chaleur, ou chaud » N. 100. Peut être l'accusatif de **sidarana** (Voir le suivant).

sidarana ? sg. acc. **sidaranãm** ? N. 100 (Voir le précédent).

sidhiat traduit en pehlvi *s-a-t* (lire *sakht* ?) « difficile, pénible » ? M. F. 26.

suka sg. nom. acc. **sukem** *vînishn* « action de voir » M. F. 25.

suca *vînâk* « qui voit, qui sait » M. F. 25.

sutem voir **supti.**

supti fém. sg. acc. **suptîm** *sûft* « épaule » N. 92.
sura fém. *pôst î martûm-î-zivandak* « la peau de l'homme vivant » M. F. 6.
sushi *sûsh* « les poumons » M. F. 10.
sûka mscl. ou neutre sg. acc. **sûkem** *vînishnîh* « vue » T. 71. (Cf. **suka, suca**).
sûra adj. sg. mscl. nom. **sûrô** *afzâr* « puissant » T. 103.
sûsh « profit » D. 3 (Cf. **saoshyañṭ**).
soinma, paiti soinma est traduit *madam pun zak dâr suzârak* (lire *sûrâk*) « trou » N. 100.
sãcadhca traduit *mâr cîgâmcâi* « en nombre quelconque » N. 81. (Cf. **sãcaṭca**).
skapta adj. mscl. neutre sg. **skaptem** *shikaft* « admirable » M. F. 26.
scid verbe act. causal imp. sg. 3 **scindayaṭ** *shikast* « qu'il brise » M. F. 26.
Staota Yesnya les « **Staota Yêsnya** » pl. nom. **staota yasnya** N. 37 ; gén. **staotanãm yêsnyanãm** N. 12.
staora mscl. ou neutre sg. acc. **staorem** *stôr* « bête de somme » N. 45.
stakhta adj. sg. mscl. nom. **stâkhtô** « obstiné, luttant » traduit *stêjêt* « il combat, il lutte » M. F. 26.
star verbe « lier »; verbe technique indiquant l'action de lier et de disposer les faisceaux du baresman ; act. ind. prés. sg. 3 **steraiti** traduit *pun vistarishnîh*, litt. « action de lier » (voir **steraiti**) N. 103 ; pl. **sterenti** *vistarînd* N. 103 ; conjugué avec la caract. **- n -**, **sterenâiti** *vistarishnîh* N. 102.

fra « lier » act. ind. prés. sg. 3 (conjugué avec **-n-**) **frasterenâiti** *pun frâj vistarishnîh* N. 70; pl. 3 **frasteréñti** *frâj vistarêt* N. 98, 101 ; (en fonction de sg. 3) N. 60 ; *frâj vistarênd* N. 97 ; *pun vistarishnîh* N. 104 ; moyen imp. ind. sg. 3 **frastarenaêta** *frâj vistarêt havâ-t* N. 89.

fra+anu « lier » act. ind. prés. pl. 3 (en fonction de sg. 3) **anufrastarêñti** *madam frâj vistarêt* N. 89.

stara mscl. ou neutre sg. acc. **starem** « pêché » T. 38.

stare mscl. pl. gén. **stârãm** « étoiles » F. Farh. 9.

stavañh neutre sg. gén. (**varesô**)-**stavañhô** traduit (*vars*) *zahâk* « de l'épaisseur (d'un cheveu) » N. 90.

stâ verbe « se tenir debout, *stare* » actif subj. imp. sg. 3 **stayâṭ** *astînêt* N. 63 ; **khshtâṭ** (traduit à tort *sâtûnâṭ* « qu'il aille ») M. F. 19 ; moy. part. prés. sg. mscl. nom. **hishtanemnô** (lire **hishtemnô**) *yakôyamûnân* N. 37 ; **his emnô** (lire **hishtemnô**) *yakôyamûnân* (glosé *âkhîzân*) T. 10.

â act. ind. prés. sg. 3 **âstayêiti.**

ni « se tenir debout » act. ind. prés. pl. 3 **nishhishtañti** *barâ yakôyamûnêt* N. 100.

paiti 1° « écouter » traduit *nyôkhshîtan* et *madam nyôkhshîtan* ; act. ind. prés. sg. 3 **paitishtaiti** N. 22 ; **paitishti** (lire **paitishtaiti**) N. 22 ; pl. 3 **paitishtañti** *nyôkhshêt* N. 25 ; — 2° « être souverain », act. ind. prés. sg. 3 **paitishta sti** (lire **paitishtaiti**) *pâtakhshâîît*) [dans **zaothranãm paitishtaiti myazdôish aiñ** *zôt zôhrân pâtakhshâîît dar myazd yôm* « le Zaotar est maître des libations le jour du myazda »] N. 83.

pairi actif causal ind. prés. sg. 3 **pairishtayêiti, pairyashtayêiti** (lire **pairishtayêiti**) *patîrânînêt* « il empêche » N. 44.

stâr verbe « pêcher, se rendre coupable de » act. ind. prés. sg. 3 **staryêti** *âstarêt* N. 10 — (conjugué avec la caractéristique — **nu**) **sterenôiti** (lire **sterenaoiti**) *âstârînêt* « il commet un péché » T. 38.

â « rendre coupable » act. ind. prés. sg. 3 **âstâraiti** *astarêt* T. 12 ; **astâraiti** *âstârêt havâ-at* N. 67 ; pl. 3 **astareñti** (lire **â-**) *âstarînd* N. 95 ; **streñti** (lire **âstareñti**) *âstarênd* N. 95, 96 ; causal act. ind. prés. sg. 3 **âstarayêiti** *astârêt* N. 12 ; **âstarêiti** *âstârêt*

T. 12; passif ind. prés. sg. 3 **âstârayeitê** *âstârêt* N. 12; moyen ind. prés. sg. 3 **âstârayêitê** *âstârêt* N. 12.

stârãm voir **stare.**

sti fém. « le monde, la création » sg. gén. **stôish** *stî* N. 81; *stîk* F. Farh. 63.

stimyazdôish voir **myazdi** N. 83.

stuiukhti fém.? **stuiukhtish** ? N. 79.

steraiti fém. sg. instr. **steraiti** *pun vistarishnîh* « par l'action de lier le baresman » N. 103. (Peut être ce mot est-il une forme verbale dérivée de **star**).

stri fém. sg. nom. **stri** *nakad* M. F. 26; sg. acc. **strim** *it jîvak aîgh* **strîm** *nakad* « il y a des endroits où **stri** signifie « femme » M. F. 5, 6.

streñti voir **stâr.**

stry formation verbale dérivée de **stâr** et servant de passif à cette racine : « être rendu coupable ».

â même sens; act. ind. prés. sg. 3 **âstryêiti** *âstârêt* (lire *âstarêt)* N. 13, 15, 42; *âstarêt* N. 10; **âstryêti** *vinâskâr yahvûnêt*, N. 30; **astryêti** (lire **âstryêiti**) *âstîrêt* N. 14, 44; **âstraiñti** (lire **âstryêiti**) *âstarînand* N. 9; **âstryañti** (lire **âstryêiti**) *vinâskâr yahvûnêt* N. 4; pl. 3 **âstryeñti** *âstarêt* N. 10; moyen ind. prés. sg. 3 **âstryêitê** *âstarêt* « il est mis en état de péché » T. 121; N. 18; *âstîrêt* T. 121; N. 14, 15, 22; F. Farh. 30; **astryêhê** (lire **âstryêtê**) N. 14, 15, 22.

snaithish fém.? **snaithish** *snâs* « arme » T. 35.

snâ verbe, part. passif sg. mscl. nom. **snâtô** *khalalûnt* « lavé, baigné » M. F. 26.

â act. imp. subj. 3 **âsnayâṭ** *anâ khalalûnêt* « qu'il lave » N. 75.

snâtâ voir **snâ.**

snâkeni fém. pl. nom. **snâkenishca** traduit *sh-v-r* ? N. 57.

snus *sôkînêt ?* M. F. 26.

spakhshti fém. sg. acc. **spakhshtîm** *pâspân* « garde, protection » M. F. 46. (Cf. **spasani**).

sparṅha mscl. ou neutre, duel nom. **sparṅha** *azîr î dandân* « ce qui est sous les dents, les gencives » M. F. 8.

spasanî neutre sg. instr. **spasanya** *paspân* « garde, surveillance ». (C. **spakhshti**).

spâ mscl. « chien » sg. gén. **sunô** *kalbâ* T. 9 ; N. 59.

spâ verbe.

fra pot. sg. 2 **fraspayôish** traduit en pazend *awagandan* et en sanscrit pravisaya « que tu jettes, que tu précipites » Aog. 28.

Spitama adjectif employé comme nom propre, traduit *Spîtâmân* « descendant de **Spitama** », épithète appliquée à Zoroastre; voc. **Spitama Zarathushtra** *Spîtâmân Zartûsht* T. 45 ; N. 84, 108 ; **Spetama** T. 13, 32, 47, 64, 66, 78, 87, 90, 91 ; **Speñtama** (lire **Spitama**).

speñta adj. « saint, sacré » sg. mscl. abl. **speñtâo** (lire **speñtâṭ**) T. 102 ; pl acc. **speñtê** N. 70.

Speñtâma voir **Spitama**.

Speñta mainyu adj. employé substantivement ; 1° Bishamruta ou prière à réciter deux fois de suite ; commencement d'une Gâtha (*Yasna*, Hâ XLVII ; cf. *Vendidâd*, Fargard X, § 4) N. 34 ; 2° nom propre d'une Gâtha (*Yasna*, Hâ XLVI-XLIX) transcrit en pehlvi *Spînmât* e *Spanyômât*; acc. **speñta mainyum** N. 50; gén. **speñta mainyéush**, **speñtâ mainyush** (lire — **mainyéush**) N. 102.

speñti lire **handarezhañti**.

spereza traduit *saparz* « rate » M. F. 10. (Cf. le persan *saparz*).

spnâthra voir **khshnaothra** T. 49.

sraêshta adj. sg. fém. nom. **sraêshtaca** *nîvaktûm (pun dîtan)* « la plus belle » N. 84 (superlatif de **srî**).

sraotâr voir **upasraotâr**.

sraothra fém. pl. acc **sraothrâo** *srâyishn* « le chant » N. 44.

sraothrana neutre sg. instr. **sraothrana** *srâyishn* « chant » N. 22.

sraoni traduit *srînak* « fesse » M. F. 10. (Cf. persan *srîn*).

sraoni masa pl. nom. acc. **sraoni masaô** *sînak masâî* « pieds de derrière » F. Farh 52.

Sraosha « nom d'un génie » acc. **Sraoshem** *Srôsh* T. 70.

sraoshavareza « nom d'un prêtre dans le sacrifice mazdéen complet » transcrit *srôshavarz*; sg. nom. **sraoshâvarezô** N. 77; acc. **sraoshâvarezem** *srôshâvarzîh*, litt « état de **sraoshâvarez** » N. 82; gén. **sraoshavarezahê** N. 79.

sraoshin adj. « obéissant » sg. mscl. nom. **sraoshi** *pun nîvak aîshân* (lire *pun nyôkhshishn*) litt. « avec obéissance » N. 7.

sraoshô-carana fém. nom d'un instrument de supplice ; sg. instr. **sraoshô-caranaya** *srôshôcaranâm* T. 8.

srakhti fém. sg. acc. **srakhtim** traduit *sh-m-t-v-r-a-t*? « côté, face » N. 79. (Cf. **thrakhti**).

sraghra traduit *aghrîk*, faute pour **aghra** ; voir ce mot.

srayan, srayana sg. inst. **thrayanaca** (lire **srayanaca**) « beauté », traduit *nîvaktar* litt « plus beau » T. 94.

sravaṅh neutre sg. nom. acc. **sravô** *ahlav* (lire *srav*) « parole, discours » T. 20.

sravaṅha mscl. ou neutre sg. acc. **sravaṅhem** *srav* (*âpastâk*) « les discours de l'Avesta, la prose, par opposition aux Gâthas » N. 22.

srâvamna fém. sg. acc. **srâvamnãm** *srâyishn* « récitation » N. 22.

sri verbe, passif part. sg. fém. nom. **srita** « confiée », traduit *apaspârishnîh* « action de confier » M. F. 26.

apa passif part. sg. mscl. nom. **apasritô** *barâ apînast (a-p-i-n-s-t)* « appuyé » N. 78.

ni passif part. sg. neutre acc. **nisritem** « confié »

traduit *pun barâ apaspâ rishnîh*, litt. « action de confier » et glosé *barîn zamân kart* « il a fixé un rendez-vous » N. 10. (Cf. **ainisriti, aiwisriti**).

srish verbe.

hãm « mêler ? » act. ind. prés. sg. 3 **hãm srishaiti** *ol ham apînât* N. 99. (Cf. le persan *sirishtan* « mélanger » et *sirîsh* ; James Darmesteter, *Zend-Avesta*, Tome II, p. 127, note 52). Peut être **hãm srishaiti** est-il une forme dérivée de **hãm+sri**; **apasritô** est traduit *apinast* qui est à une lettre près identique à la traduction de **hãm srîshaiti**. (Voir **sri+apa**).

srî voir **sraêshta**.

srîra adj. sg. neutre acc. **srîrem** *nîvak* « beau » F. Farh. 2 b.

1° **sru** verbe « écouter, entendre » act. ind. prés. sg. 3 **surunaôiti** *nyôkhshêt* N. 21 ; *vashmamûnêt* N. 24 ; **srunaoiti** *nyôshishn* (lire *nyôkhshishn*) litt. « action d'entendre » M. F. 26 ; part. prés. sg. mscl. gén. **srvatô** traduit *ôshtâsp* « se hâtant », la traduction pehlvie est peut être inexacte, voir 2 **sru**, M. F. 26 ; neutre nom. ou acc. **sravaṭ** *srût* M. F. 26 ; passif part. **sruta** *nâmîk* « entendu », d'où « célèbre » M. F. 26 ; fém. pl. gén. **srutanãm** traduit *srâyishn*, litt. « action de chanter » N. 37 ; causal actif ind. prés. sg. 3 **srâvayêiti** *srâyat* N. 26 ; *srâyînd* N. 29, 31, 46 ; **srâvayti** (lire **srâvayêiti**) *srâyat* N. 50; **srâyêiti** (lire **srâvayêiti**) *srâyît* N. 37; **srâvayeṅti** (lire **sravayêiti**) ; pl. 3 **srâvayañti** *srâyind* N. 32; pot. sg. 3 **srâvayôiṭ** *anâ srâyêt* « qu'il chante, il chantera » T. 11, 12 ; N. 46 ; *âi srâyat* N. 50, 109; subj. imp. pl. 3 **srâvayâṭ** (lire **srâvayãn**) *âi srâyînd* « ils chanteront » N. 85 ; part. présent sg. mscl. nom. **sravayô** *srâyat* N. 22 ; *pun srâyishn*, litt. « action de chanter » N. 27 ; gén. **sravayañtô** *pun srâyishn* N. 25 ; pl. nom. **rayatô** (lire **srâvayañtô**) *srâyînêt* litt. « il chante » (voir **asravayañṭ, afras-**

ravayañṭ); moyen part. sg. mscl. nom. **srâyamnô** (lire **sravayamnô**) « chantant» *srâyînd* litt. « ils chantent » N. 23.

aiwi verbe, « écouter, entendre, donner le répons? » traduit *madam vashmamûntan*; act. prés. ind. sg. 3 **aiwi srunâiti** N. 24; **aiwi srunvaiti, aiwi surunvaiṭi** N. 26; pl. 3 **aiwi srunvañti, aiwi surunvaiti** « ils entendent » ou, peut être « ils font le répons ».

upa « écouter, entendre, faire les répons » traduit *madam vashmamûntan*; act. ind. prés. pl. 3 **upa surunvañti** N. 20.

fra « chanter » traduit *frâj srûtan*, causal act. ind. prés. sg. 3 **frasrâvayaiti** N. 33; **frasrâvayêiti** *frâj srâyat* N. 50; sub. prés. sg. 3? **frasravayâiti** *frâj âi srâyat* N. 72; opt. sg. 3 **frasrâvayôiṭ** *srâyat* « qu'il chante, il chantera » N. 81; act. part. prés. sg. mscl. nom. **frasrâvayô** *frâj ashâi srâyat*; **frathrâthvayô** (lire **frasrâvayô**) *pun frâj srâyishnîh*, litt. «action de chanter » N. 104; moyen part. sg. mscl. gén. **frasravayamnahê** *frâj srayishnîh* N. 20.

vî act. ind. prés. 3 **vîsurunvaiti** *madam vashmamûnît* « il entend » N. 27.

2° **sru** act. part. prés sg. gén. **srvâto** traduit *ôshtâp* « qui se dépêche, qui se hâte » M. F. 26. (Cf. **1 sru** et le zend **sru** « aller »).

srûto gâtha fém. pl. acc. **srûtô gâthâo** *gâsân srût* « Gâthâs chantées, chants des Gâthâs » N. 25.

srvatô voir **sru**.

svô voir **savañh** traduit *sût* « bénéfice, avantage » M. F. 25.

SH

shaita mscl. sg. nom. **shaitô** *shâtîh* « joie » M. F. 18.

shaêta ou **shaêtañh** sg. nom. **shaêtô** *khvâstak* « fortune, richesse » M. F. 18.

sham verbe « boire ».

â act. pot. sg. 3 **ashamâṭ** *anâ ashambînît* « il boira », glosé *pun madam ashambishnîh* « action de boire » T. 7. (Cf. persan *ashâmîdan*).

shama mscl. acc. pl. **shamãn** *apishmak* « gorgée » T. 7. (Cf. **sham**).

shâimnô voir **fravashâimnô** et **frashaimnô** N. 37.

shâuô adverbe traduit *patîrak* « en face, devant » N. 67.

shâo? forme énigmatique, sans doute amenée par le voisinage de **urvarâo**. N. 101.

shâta mscl. ou neutre sg. acc. **shâtem** *âsânîh* « joie » T. 44, 74. (Cf. le zend **shaita**, le pehlvi *shât* et le persan *shâd;* voir **shâtô manâṅh**).

shâtô manaṅh adj. traduit en pazend *shâdâlan* et en sanscrit ânandas tasmin tanau « qui a l'esprit content », sg. nom. **shâto-manâo** Aog. 83.

shâma traduit *rîyânîh* « excréments » M. F. 11. (Cf. **fravashâimnô** et **frashâimnô**).

shi verbe « habiter » act. prés. ind. sg. 3 **shiêiti** traduit *katrûnishn* « action d'habiter » M. F. 18. (Cette racine se trouve également sous la forme **khshî**).

shu verbe « aller » actif futur? sg. 3 **shaoshaiti** *sâtûnêt* M. F. 19.

apa act. causal ind. prés. sg. 3 **apashâvayêiti** *barâsâtûnêt* « il s'en va », glosé *min kôstân* « de côté » N. 103.

fra act. causal ind. prés. sg. 3 **frashâvayêiti** *frâj sâtûnêt* « il va » glosé *pun sar-î barsôm barâ sâtûnêt* « il s'en va à l'extrémité du barsom » N. 103; part. prés. sg. mscl. nom. **frashâvayô** « allant en avant », traduit *pun frâj ozlûnishnîh*, litt. « action d'aller en avant » N. 193. (Cf. **frashumañṭ**).

shuãs « nom d'un péché » traduit *cîgûn hûram (?) ci karîtûnît* M. F. 36.

shutasmé traduit *sh-u-mj* M. F. 19.

shêna mscl. ou neutre **shenem** *tîg* « pot, marmite » F. M. 19.

shî pronom personnel de la 3e personne du sg., cas oblique qui se trouve après un mot terminé par une voyelle, traduit *ghal olâ* T. 55 ; N. 7, 17, 105 (voir **hê**).

shôithra mscl. sg. nom. **shôithrô** *rûstâk* « pays, circonscription territoriale » M. F. 18.

shôthnaca lire **shyaothnaca** et voir le suivant T. 58.

shyaothana neutre « action, œuvre », traduit *kûnishn* sg. nom. **shyaothanemca** N. 29 ; instr. **shôthnaca** (lire **shyaothnaca**) ; acc. **shyaothanem** *vinâs* litt. « mauvaise action » N. 42 ; **shyaothanãm** (lire **shyaothanem**) N. 48; pl. gén. **shyaothananãm** N. 16 ; **shyaothana** prend la forme **shyaothanô** en composition (voir le suivant).

shyaothanô taitya traduit *pun* **shyaothanãm** *ravishnîh* « au mot, au passage **shyaothananãm** » N. 81.

shyâta sg. nom. **shyâtô** *âsânîh* « aise, confort » M. F. 18. (Cf. **shaita**).

H

ha pronom démonstratif « celui-là » servant également de pronom personnel de la 3e personne du sing. et assez souvent de pronom réfléchi. Nom. **hish** N.1 08; dat. **hôi** *zag* T. 101; *min zagaî* (de lui) ; cas oblique servant à la fois de génitif et de datif, **hê** (voir **shê**) T. 81 ; N. 9, 10, 13, 18, 42, 43, 45, 105; *zak* T. 80 ; N. 27 ; *olâ* T. 92, 118 ; N. 9, 10, 12, 13, 20, 25, 79 ; *danâ* N. 6 ; *ôl* (lire *olâ*) N. 16 ; *danâ* N. 6 ; **haê** (lire **hê**) *î olâ* N. 79 ; **shê** *ghal olâ* T. 55 ; N. 7, 17; acc. **hi** (lire **hîm**) *ash* N. 42, 48 ; pl. acc. **hish** N. 4, 108

haita « vérité » traduit *âshkârâk* « évident, visible » M. F. 32 (cf. le suivant).

haithi fém. « vérité » sg. acc. **haithi** (lire **haithîm**) traduit *ît*, litt. « il est » N. 84 ; *âshkârak* M. F. 32.

haithem vacaṅh sg. nom. **haithem vacâo** est traduit *âshkârak gavishn* « paroles de vérité », ou « qui dit des paroles de vérité ». — Le mot **haithem** est certainement corrompu pour la finale, on attendrait **haithô**. M. F. 8.

haurva adj. « tout entier », neutre nom. **haurva** *hamîgîh* « tous » N. 37; pl. acc. **haurvi** (lire **haurvîsh** ?) *hamâî* « tout entier, complet » T. 64.

haêna corrigé de **zhaêna** traduit *hîn* « armée » M. F. 31.

haoiô voir **havya**.

haotema adj. sg. neutre dat. **haotemâi** traduit *and tûm* (lire *hôtûm*) « à gauche » N. 70. (Cf. **havya**).

Haoma mscl. traduit *Hôm* « Le Haoma » sg. inst. **haomya** (lire **haoma**) N. 108 ; acc. **haomemca** N. 72, 75, 76 ; **haônem** (lire **haomem**) T. 60 ; pl. mscl. acc. **haômãn** (lire **haomã**) N. 68 ; **haomãsca** N. 97.

haomya voir **haoma**.

haomyãm voir **havya**.

haosravaṅha neutre sg. acc. **haosravaṅhem** *khûsravîh* « bon renom » F. Farh. 4.

haônâ traduit *zag gabrâ* lire **haônâ** (**hâu**) T. 39. (Voir **hâu** et **nar**).

haônem voir **haoma** T. 60.

haômanaṅh neutre acc. sg. **haômanaṅhem** *hûmînishnîk* « bonnes pensées » T. 73 (**hu**+**manaṅh**).

hakaṭ adverbe *ham* « ensemble » N. 24.

hakha traduit *hamkhâh* « ami » M. F.31.

hakhi *azîr-î raglâ* « la plante des pieds » N. 11.

hakhta *hakht* « les parties sexuelles » M. F. 10.

hakhtô : ana hakhtô voir **anahakta**.

hakhsh verbe act. imp. ind. sg. 3 **hikhshaṭ** *a-a-ê-t* ? M. F. 32 ; **hiñcaṭ** *ashînjêt* M. F. 32.

hac verbe « suivre » moy. impératif sg. 2 **hacaṅuha**

« suis » N. 9 ; opt. sg. 3 **hakhshaêtê** (lire **hakhs-haêta**) *pâtakhshâ havâi ?* N. 9 ; pot. act. sg. 3 **hakh-tôiṭ** (lire **hakhshôiṭ**) N. 9.

â passif part. prés. sg. mscl. **hakhtô** (lire **âhakhtô**) (cf. **anâhakhta**).

para « emmener, entraîner » act. ind. pr. sg. 3 **pa-raṅhacaiti** *barâ âpâgînêt* N. 6 ; **paraṅhacâiti** N. 9 ; **paraṅhaiti** (lire **paraṅhacaiti**) *barâ apâkînêt* N. 6 ; **paraṅhacai** (lire **paraṅhacaiti**) *barâ apâkînêt* N. 7 ; moyen ind. prés. **paraṅhâcâitê** *apâkînêt* N. 6 ; **paraṅhacaitê** *madam barâ apâkînêt* N. 9, 11. (Voir **hishkyâ**).

haca adverbe « de, à cause de, hors de » T. 44, 59, 62 ; traduit *min* T. 32, 39, 67 ; N. 4, 8, 42, 46, 47, 48, 49, 50, 54, 61, 62 ; *od* T. 57.

hacâ (voir le précédent), troisième mot de la formule **yêṅhê môi ashâṭ hacâ** N. 102.

haṅhâma neutre pl. acc. **haṅhâma** *âranj-î andâm* « les articulations, les jointures des membres » M. F. 11. (Cf. le persan *aranj*, coude).

haṅhush « arène?» M. F. 10.

haza mscl. sg. nom. **hazô** « violence », nom d'un péché, traduit *stâkhmak*, litt. « violent » M. F. 39.

hazaoshi fém. sg. instr. **hazaoshya** *pun kâmakî-nafshâ* « de sa propre volonté » N. 1.

hazaoshyâpaâoṅha voir **hazaoshyâ** et **pâoṅha**.

hazaṅuha voir **hazaṅha**.

hazaṅhan mscl. sg. nom. **hazaṅhan** « voleur » N. 63 ; *aparak* N. 63 ; **hazaṅuha** *aparak* N. 6.

hazahi adj. pl. fém. acc. **hazahîshca** *u apar u vîyâpâ-nîk ?* T. 36.

hañṭ voir **ah**.

hañdâta neutre sg. instr. **hañdata** *pun hamdahishn* litt. « action de donner ensemble » N. 102.

hañdereta, lire **hañderekhti**, fém. ; nom d'un péché

qui consiste à faire du mal en secret à quelqu'un. M. F. 34.

hathra adverbe, voir **hâthra** et **hathracish** traduit *lvatâ* « avec » N. 59.

hathracish adverbe *pun ham akvîn* « à la fois, ensemble » N. 100, 101.

hathrâoñcô *pun akvîn* « ensemble, qui vont ensemble » N. 88.

hathrâo tcô lire **hathrâoñcô** N. 88.

hathrâka neutre sg. nom. acc. **hathrâkem** *patmânakrâs*; nom d'une mesure. N. 4 (dérivé de **hâthra**).

hadhaṅraṅh sg. acc. **hadhaṅrô** *farjâm* « fin » F. Farh. 59; M. F. 32.

hadhô adverbe *lvatâ* « avec » N. 59.

hadhô gaêtha adj. « qui a même propriété, associé » traduit *ham gêhân*; pl. nom. **hapô gaêtha** (lire **hadhô gaêtha**), pl. mscl. gén. **hadhô gaêthanãm** *min havmanân gêhân* N. 60.

hana adj. sans flexion, traduit *min nisââ-1 u mìn* (mss. *man) gabrâ-1 râî yâmallûnêt hân haftâd shantak* « se dit d'un homme et d'une femme; c'est le vieillard de 70 ans » M. F. 5.

hana (lire **ana**) *zak-i danâ* « avec lui » N. 9.

hapô gaêtha voir **hadhô gaêtha** N. 1.

haptaṅhâiti adj. « qui a sept chapitres », sg. mscl. acc. **haptaṅhâitîm** *yasn-î haft hât* « le *Yasna* aux sept chapitres, le *Yasna* Haptanhâiti » N. 46, 81.

haptaṅhva adj. employé substantivement; sg. mscl. ou neutre **haptaṅhum** *haftûtak* « la septième partie d'une chose » M. F. 1.

haptatha adjectif numéral « le septième », traduit *haftûm* sg. mscl. instr. **haptatha** N. 102; acc. **haptathem** N. 82.

haptan adjectif numéral « sept » pl. nom. **hapta** *haft* N. 102.

hapsnai apnô khavô *cîgûn yahvûnêt 2 nisââ u êvak shôî* « quand il y a deux femmes et un seul mari, bigame » sg. nom. de **hapsnai apnô khava** M. F. 5.

hama adj. *ham* « le même » sg. fém. acc. **hamãm** N. 64, 84; duel mscl. **hama : yâ hama aiwyâoṅhaca aiwyâoṅhayâoṅti** *amat 2 pun ayyipyahânind ol ham ayyipyahânind* « s'ils revêtent les deux vêtements » N. 94.

hama mscl. ou neutre **hama** *pun hamîn* « en été » N. 46, 47, 48, 50, 51, 103; *amat* (lire *hâmin*) F. Farh. 61; **hma** (lire **hama**) *pun hamîn* N. 51; *dar shantâ* N. 4; **ahma** (lire **hama**) *pun hamîn* N. 103.

hamatha (lire **hama itha**) traduit *pun hâmîn îtûn* « ainsi en été » N. 47.

hamô forme que prend le mot **hama** en composition.

hamo gaôdana adj. mscl. duel nom. **hamô gaodana** *hamci gôshtdân* « qui a le même plat » N. 64.

hamô vareshaji adj. sg. acc. **hamô vareshajim** *ham bûn* « qui a la même racine » N. 98.

hamô hvaretha adj. duel mscl. nom. **hamô hvaretha** traduit *ham vashtamûnishn* et *ham khôrishn* « qui a la même nourriture » N. 64.

har verbe.

fra act. pot. sg. 3 **fraṅharôiṭ** *aî vashtamûnît* « il mangerait » N. 71. (Cf. **hvar**).

harez, verbe.

paiti subj. imp. sg. 3 **paiti harezâṭ** *pâlâyât* « qu'il filtre ».

hareta *sardar* « chef » M. F. 10.

harethra mscl. ou neutre pl. abl. **harethraêibyô** *kulâ 2 cî pârak* « des deux pans » N. 85.

hava voir **hva**, pronom réfléchi « son propre » traduit *nafshâ* et *zag-î nafshâ* sg. mscl. instr. **hava** N. 84, 108; T. 35; **havâ** N. 55; abl. **havaṭ** N. 68; gén. **havahê** N. 84, 108; **hava** (lire **havahê**) N. 87; fém. instr.

hava *pun(z)and khvêsh* T. 101 ; duel mscl. neutre abl. **havaêibyô** N. 29 ; **havaêibyaca** N. 108.

havatãm nana *a-h-nv ynâp havând ?* N. 13 (Cf. **hvatãm** traduit *a-h-nv-y-n-ap* N. 10).

havaṅha neutre sg. nom. acc. **havaṅhem** *ahûîh* « béatitude » F. Farh. 4.

havanô voir **hâvana.**

havayaṅh adj. « un tel, *talis* » sg. mscl. acc. **aradusha havayaṅhem akhtem** est traduit *ardûsh havând aînîgîh* N. 15.

havfna voir **hvafna.**

havya adj. traduit *hôi* « gauche », sg. mscl. **haoiô** M. F. 9 ; fém. acc. **haomyãm** (lire **haoyãm**) *lakhvârtûm*; neutre abl. **havyâṭ** « à gauche, du côté gauche » N. 79.

hastarem voir **hastra.**

hastra mscl. ou neutre « assemblée, réunion » sg. acc. nom. **hastarem** (lire **hastrem**) traduit *anjûmishn* (lire *anjûman*) N. 31 (Cf. le sanscrit s a t t r a).

hahya hahi ? T. 67.

hâ interjection « oh ! » traduit *aîgh* N. 105.

hâiti fém. « chapitre » traduit *hât* ; sg. acc. **hâitîmca** N. 46 ; gén. **hâtôish** *yasht* N. 103 ; pl. loc. **hâitishu** N. 40 ; gén. **hâthanãm** N. 40. (Cf. **haptaṅhâiti**).

hâithya adj. « visible, certain » employé substantivement sg. neutre nom. **hâithîm** *âshkârîh* litt. « manifestation » T. 54. (Cf. **haita, haiṭi**).

hâu pronom démonstratif « celui-ci » *olâ zak* sg. mscl. nom **hâu** T. 35, 39 (corrigé de **hâo**, voir **haôna** et **nar** 47, 103, 104, 105 ; **haûca** T. 45 ; pl. mscl. gén. **avaêshãm** F. Farh. 9 ; fém. nom. **avâo** N. 54 ; acc. **avâo** N. 50 ; **avâoyaô** traduit *olâshân man* (lire **avâo yâo** et voir **ya**) N. 46; **avãn** *and* « autant » neutre acc. **ava, âva** (lire **ava**) N. 16.

hâo lire **hâu** et voir **haônâ.**

hâthra mascl. nom d'une mesure de longueur contenant mille pas » traduit *hâzâr*, *hâsâr* ; sg. abl. **hâthrâṭ** N. 104 ; acc. **hâtrem** N. 8 ; F. Farh. 66 ; **hâtremciṭ** N. 109 ; **hatrem** traduit *patmân* « mesure » F. Farh. 66. instr. **hathra** N. 7 ; gén. **hâtrahê** N. 60, 104 ; traduit *patmânak* N. 11.

hâthraka adj. mscl. neutre pl. instr. **hâthrâkébish** *pun akvîn* « ensemble » N. 97. (Cf. **hâtrãc** et **hâthrâoñcô**).

hâthra ké bish lire **hâthrakébish** N. 97. (Voir **ké** et **bish**).

hâthrãc adj. pl. fém. acc. **hâthrâcish** *pun akvîn* « ensemble, en même temps » N. 100. (Cf. **hâthrâoñcô**, **hâthraka**).

hâthrô *îtûn* (lire **athra**) « ainsi » N. 11.

hâmô voir **hamô**, **hvaretha**, **hâmô gaodana**.

hâra, lire **yâre**, instrumental de **yâre** « durant une année » ; non traduit dans la phrase **pasca hâra tanûm parayêiti**, *akhar tanâfûhr yahvûnêt*, glosé *shant dranâîmargarzân* « après cela, il devient peshotanu pendant une année, pour la durée d'une année » N. 7.

hâvana adj. traduit *ī-Hâvan* « de Hâvan » ; pl. fém. gén. **havanem** (lire **hâvananãm**) N. 47.

hâvana mscl. *hâvan* « le mortier ou l'on broie le Haoma » sg. nom. **havañô** N. 107 ; duel instr. **havanaêibya** « avec les deux parties du mortier » N. 107, 108 ; pl. dat. **hâvanaêibyô** N. 81 ; **havana ratavô** « les Maîtres de Havâni » est traduit *hâvan ratîhâ* N. 102.

Hâvanan mscl. nom d'un prêtre dans le sacrifice mazdéen, traduit *hâvanân* et *hâvan* ; sg nom. **havâna** N. 68 ; **hâvanânô** (lire **hâvana**) N. 72 ; acc. **hâvanânem** traduit *pun hâvanânîh*, litt. « en fonction de Havanan » N. 82 ; dat. **hâvaynânê** (lire **hâvananê**) N. 80 ; gén. **hâvanânô** N. 97, 81.

hâvayâṭnânô, lire **hâvananô**, voir **hâvanan** N. 72.

hicitâ fém. sg. nom. **hicitâ** *pâkîh* « pureté » M. F. 32.

hizu mscl. *hûzvân* « langue » ; sg. gén. **hizvasca** T. 57.

hizva mscl. *hûzvân* « langue »; sg. instr. **hizva** T. 101 ; acc. **hizvãm** T. 3; N. 17 (voir **hizu**).

hita adj. sg. mscl. nom **hitô** « qui est à l'aise », traduit *firâkhtagîh* litt. « aise » M. F. 8.

hishemna (lire **hishtemna**) adj. mscl. sg. nom. **hishemnô** (lire **hishtemnô**) traduit *yakôyamûnân* et glosé *âkhîzân* T. 10. (Participe moyen de **stâ**.; cf. **histanemnô** et voir **stâ**.)

hishkyâ thème verbal dérivé de **hac** par redoublement; **hishkyâ=hi+shac** (voir **hac**).

hishkyâtar mscl. sg. nom. **hishkyâta** *âhakhtârân* « inspirateur, qui fait marcher, qui met en train » T. 45 (dérivé du tèhme verbal **hishkyâ** ; voir ce mot).

hishkyâna part. moy. de **hishkyâ** ; superlatif sg. mscl. acc. **hishkyânaôtemem** *âhakhtârtûm* « celui qui inspire le plus, qui met le plus en train » T. 45. (Voir **hishkyâ**).

hishtanemnô voir **hishtemna**.

hishtemna part. prés. moyen de **stâ** ; adj. sg. mscl. nom. **hishtanemnô** (lire **hishtemnô**) *yakôyamûnân* « qui se tient debout » N. 37. (Voir **hishemna**).

hu « soleil » voir **hufrâshmôdâiti**, **huvakhsha** et **hû**.

1° **hu** verbe technique servant à indiquer la préparation du Haoma ; act. imp. conj. sg. 3 **hunyâṭ** *hûnît* « qu'il prépare le Haoma » N. 68.

2° **hu** verbe.

â act. ind. imp. sg. 3 **âhûnavaṭ** *vashtâmûnît* « il mange » N. 72.

huiti fém. sg. acc. **huitîm** « apprêt du Haoma » traduit *pun vashtamûnishn*, litt. « action de manger », par conconfusion des deux racines **hu** N. 108 (de **hu** 1)

huki voir **hushka**.

hukhshathra mscl. sg. gén. **hukhshathrahê** *khazûrâî* « sanglier » T. 10.

Hukhshathrôtemâi Thrishamrûta ou prière à réciter trois fois de suite, N. 35. (*Yasna*, Hâ xxxiv, § 35; *Vendidad* Farg. viii, note 35).

hugaona mscl. ou neutre; sg. nom. ou acc. **hugaonem** *môî i pun ândâmân jût min zak-î pun rôîshâ* « le poil qui se trouve sur le corps, à l'exception de celui de la tête » M. F. 6.

hutarest adverbe *akhar min hamâk kôstak* « de tous côtés » M. F. 6.

hutashti fém. sg. acc. **htashtîm** (lire **hutashtîm**) « belle forme » T. 97.

hudaêna adj. sg. mscl. abl. **hudaênâṭ** *hûdîn* « qui a une bonne religion » T. 67.

hunara mscl. sg. acc. **hunarem** traduit *hûnar* « mérite » T. 78.

hupaitianata voir **hupaitizhnâta.**

hupaitizhnata adj. traduit en pazend *padiraft* et en sanscrit prakrtah, sg. mscl. nom. **hupaitizhnatô** « qui est en faveur » Aog. 53.

huferetu fém. sg. acc. **huferethwem** *vitarg* « (bon) passage » T. 72. (**hu+peretu**).

hufrâshmôdâiti fém. traduit *hûfrâshmôdât* « le coucher du soleil » et « la première partie de la nuit »; sg. acc. **hufrashmôdâitim** M. F. 42; **frashmôdâim** (lire **hufrâshmôdâitîm**) N. 48; abl. **hufrâshmôdâitôiṭ** N. 48, 50; dat. **hûfrâshmôdâitê** N. 50, 57.

hubadhra adj. traduit en pazend *hûbahar* et en sanscrit susamrddhah; sg. mscl. nom. **hubadhrô** « heureux » Aog. 53.

hubereitî fém. sg. acc. **hubereitîmca** T. 88.

humaiti fém. sg. nom. **ahumaiti** (lire **humaiti**) *hûmât* « bonne pensée » T. 57.

humaṭ lire **ahumaṭ** et voir **ahumañṭ**.

humata adj. employé substantivement « bonne pensée »; pl. neutre loc. **humataêshuca** *pun hûmat-ci* N. 84;

gén. **humatanãm**, Bishâmrûta où prière à réciter deux fois; commencement d'une Gâtha (*Yasna*, Hâ xxxv, § 2; cf. *Vendidad*, Fargard x, § 4, note 34).

humanañh adj. « qui a bonne pensée » traduit *hûmînish*; sg. mscl. abl. **humanañhaṭ** T. 67.

humâ îm twâ îzhem, Bishâmrûta ou prière à réciter deux fois; commencement d'une Gâtha (*Yasna*, Hâ xli, § 5, *Vendidad*, Fargard x, § 4).

hura fém. sg. acc. **hurãm** *shakr* « liqueur fermentée, vin » N. 30.

huraôîm voir **huraôdhi.**

huraôdhi fém. sg. acc. **huraôîm** (lire **huraodhîm** *hûrôst* « haute taille » T. 97.

huvakhsha neutre « lever du soleil »; sg. abl. **huvakhshâṭ** *huvakhsh* N. 46, 48; dat. **huvakhshâi** *pun ûshahîn barâ* N. 46.

huvîra mscl. sg. acc. **huvirãm** (lire **huvîrem**) traduit *khûp vîr u apâyishnîk yahvûnêt* « c'est un honnête homme, doué des qualités requises» M. F. 4. (**hû**+**vîra**).

hushka ad. traduit *khûshk* « sec ».

hushyaôthna adj. employé substantivement traduit *hû-kûnishn* « bonnes actions » sg. mscl. abl. **hushyaôthnâṭ** T. 67 (lire **hu**+**shyaôthna**).

hû « soleil » voir **hu, hûfrashmôdâiti** et **huvakhsha.**

hûkhta adj. employé substantivement traduit *hûkht* « bonne parole; pl. neutre nom. **hûkhta** T. 57; loc. **hûkhtaêshu** N. 84; (**hu**+**vakhta**).

hûkhti fém. sg. inst. **khûkhti** (lire **hûkhti**) « bonne parole » T. 46. (Cf. **hûkhta**).

hûfrâshmôdâiti voir **hufrâshmôdâiti.**

hûvakhsha voir **huvakhsha.**

hénnti voir **ah.**

hê voir **yava** N. 101; **hava** N. 84.

hê voir **ha.**

horâca adverbe traduit *ôrûn* « de ce côté » M. F. 6. (**horâ**+**ca**).

hãndaramana mscl. ou neutre sg. instr. **hañdaramana** *hamdûbarishnîh* « le banditisme » N. 58.

hâm 1° préposition « ensemble » N. 67, 108; 2° préfixe verbal N. 61, 62, 99.

hãm sruṭ *pun ham nyôkhishnîh* « entendant les paroles l'un de l'autre » N. 62.

htashtim voir **hutashti.**

hmâ voir **hamâ**.

hras verbe.

ava act. causal subj. imp. sg. 2 **avaṅhrâsayâṭ** *barâ rânak yahvûnât?* N. 85. (Voir James Darmesteter *Zend-Avesta*, tome III, page 135, note 85).

hyâṭ voir **nemô hyâṭ**.

Alençon. — Typ. et Lith. Alb. Manier

www.ingramcontent.com/pod-product-compliance
Lightning Source LLC
Chambersburg PA
CBHW072147270326
41931CB00010B/1913
* 9 7 8 2 0 1 9 1 9 3 7 4 4 *